Moments by Langenscheidt

Christian Rupprecht

CHURROS
um Mitternacht

Eine Reisegeschichte aus Spanien

Herausgegeben von der Langenscheidt Redaktion

Corporate Design Umschlag: KW 43 BRANDDESIGN, Düsseldorf

Umschlaggestaltung: Guter Punkt, München
unter Verwendung folgender Illustrationen:
Boot, Fallschirm, Frau, Muschel, Stier, Suppe: shutterstock.com;
Flugzeug, Landkarte: OpiaDesigns / Creativemarket;
Guggenheim, La Sagrada Familia, Paella, Wein: Winged
Graphics / Creativemarket

Typographie Innenteil: Die Buchprofis, München

Projektleitung: Gabriela Lindner
Autor: Christian Rupprecht
Lektorat: Elisabeth Graf-Riemann

Druck und Bindung: Druckerei C.H.Beck, Nördlingen
ISBN: 978-3-468-75043-4
www.langenscheidt.com

19010

Inhalt

¡Esto será maravilloso![1]

»Bitte was?« Julia verstand nur Bahnhof. Sie saß ihrer Freundin Anna gegenüber und sah sie ratlos an. Im Lokal mit dem lyrischen Namen CORDO-Bar war es rappelvoll. Und erst jetzt, als Julia ihren Blick über die Getränkekarte schweifen ließ, wurde ihr das Wortspiel bewusst, und sie dachte an Süden, Sonne und Meer. Anna strahlte sie unterdessen an wie ein Honigkuchenpferd und trommelte mit den Fingern auf dem Tisch. »Ja, mein Schatz, *esto será maravilloso!*«

»Was ist denn mit dir los?« Julia sah Anna entgeistert an.

»Ach, Schätzchen, das ist *español*[2] und heißt: das wird wunderbar! Ich hab' eine Idee! Wir zwei fahren mal wieder zusammen weg!« Anna hob das Glas mit dem sündhaft teuren und sündhaft leckeren Rotwein. Ihre Augen funkelten. »*¡Brindemos!*[3]«

---

1 ¡Esto será maravilloso! – Das wird wunderbar!

2 español – Spanisch

3 ¡Brindemos! – Darauf stoßen wir an!

Im Lokal war es laut, aber dennoch gemütlich. Julia mochte das spanische Ambiente. Auf den kleinen Tischen funkelten Teelichter in Rot oder Gelb. Aus den Boxen flutete spanische Gitarrenmusik und Annas Augen leuchteten im Dämmerlicht.

Julia kannte ihre Freundin lange genug um zu wissen, dass sie mal wieder eine verrückte Idee hatte, dachte »nicht schon wieder«, aber bewunderte sie auch insgeheim dafür.

Anna und Julia waren Freundinnen, beste Freundinnen, wie Anna stets betonte. Sie kannten sich seit Schulzeiten, also mehr als eine halbe Ewigkeit.

»Das ist jetzt bald zwanzig Jahre her«, sinnierte Anna über das ungleiche Paar, das sie bis heute geblieben waren. »Wehe du beginnst zu rechnen! Älter werde ich erst, wenn ich mich danach fühle. Und damit *basta!*[4]«

Wann immer Anna etwas Besonderes zu sagen hatte, unterstrich sie das neuerdings auf Spanisch. Spanisch war Annas Leidenschaft geworden. Schon ewig, wie sie behauptete. Aber da war sich Julia nicht sicher. Es hatte sich

---

4 ¡Basta! – Schluss!

irgendwie ganz plötzlich ergeben. Hier mal eine eingeworfene Zahl, dort mal ein Ausruf. Anna war mit einem Mal irgendwie internationaler geworden, zumindest, was ihren Wortschatz betraf. Und mit dem spanischen Engagement hatte es auch begonnen, dass sie beide, *muy buenas amigas*,[5] die sie nun mal waren, eine gemeinsame Auszeit vom Alltag nahmen.

Jetzt also sollte es wieder losgehen. Zum dritten Mal binnen eines Jahres. »Wohin soll unsere Reise gehen, Liebes?«

Statt einer Antwort kam der Kellner, beugte sich zu Anna und flüsterte ihr etwas zu. Anna nickte, nahm ihren Rotwein und bedeutete Julia, es ihr gleichzutun. »Wir ziehen um, dahinten…« Mehr konnte Julia im Lärm nicht hören.

Sie hatten die ersten Momente in der CORDO-Bar an winzig kleinen Stehtischen mitten im Gedränge verbracht. Hier ein Ellenbogen unterhalb der Rippen, dort ein Stupser von einem vorüberziehenden Gast, ab und an auch ein richtiger Treffer, wenn jemand mitten auf ihrem Fuß gelandet war.

Julia hatte Mühe, Anna zu folgen, die schnur-

---

5 muy buenas amigas – sehr gute Freundinnen

stracks durch die Massen schritt. Es musste, das wurde Julia schnell klar, ganz hinten in der Ecke sein, eher links. Direkt am Fenster. Gleich neben der Bar, hinter der - das hatte Julia, ganz blöd war sie ja nicht, auf den ersten Blick erhascht - alles zu finden war, was das einsame Frauen-Herz begehrte. Also allerhand Getränke, ja klar, aber eben auch, und das war in diesem Moment viel wichtiger: klasse Typen, rassige Typen, heiße Typen. Olé!

»Vergiss die, warte auf Carlos.« Anna. Fachmännisch.

»Carlos?« Unbeholfen. Julia.

»Carlos.« Anna atmete tief ein, dann legte sie los. »Ich sage nur *muy caliente*[6]!« Doch Carlos blieb erstmal aus.

»Vielleicht hat er gerade Pause.« Anna kam auf ihr Thema des Abends zurück. »Also, das war kein Scherz vorhin. Lass uns zusammen wegfahren. Ein Ausflug. Nur ein paar Tage, um mal auf andere Gedanken zu kommen.«

»Ich weiß nicht, im Moment ...«

»Keine Widerrede. Ich habe mir da schon etwas überlegt«, begann Anna. Hier in der

---

6 muy caliente – sehr heiß

CORDO-Bar, an diesem stinknormalen Donnerstag, gab sie endlich den Grund für ihr spanisches Interesse Preis. »Wenn man Spanien verstehen will, dann muss man seine Filme sehen.«

»Welche?«

»Na die vom Gott des modernen spanischen Films.« Der hieß Pedro Almodóvar. Julia hatte noch nie von diesem Pedro gehört, aber sie kannte sich auch nicht so aus mit Kino und Kultur und vor allem nicht mit Spanien. Und so malte Anna es Julia in den schönsten Farben aus. »Pedro Almodóvar ist ein Genie. Er verwandelt das ganz normale Leben in Kunst. Du musst dir Alles über meine Mutter ansehen! Oder Volver, da spielt Penélope Cruz mit. Während ihr Mann arbeitslos zu Hause auf der Couch sitzt, sorgt Penelope für das Auskommen ihrer Familie.« Anna seufzte und steigerte sich in ihren Erzählungen so rein, dass sie sogar eine Träne verdrückte, als sie von Ángel, Hauptdarsteller in La mala educación, erzählte, wie er litt und seine Liebe verlor. »Das sind Kunstwerke! Die musst du ...« Anna geriet ins Schwärmen, aber just in diesem Moment kam er.

»Das ist Carlos.« Anna sagte das, als präsentierte sie eine touristische Attraktion. Das Kolosseum in Rom, den Eiffelturm in Paris. *La Sagrada Familia en Barcelona*[7]. Das Stein gewordene Monument Gaudís traf es am besten, dachte Julia.

»*Señoras*[8], was darf ich zum Essen bringen?« Julia war plötzlich hellwach. Anna ebenso.

»*Muchas gracias*[9], Carlos. *Quisiera atún con patatas y pimientos*[10]. Und Du, Julia?«

Julia starrte Anna an, als hätte sie jetzt gerade eine Fata Morgana erblickt, die Sagrada Familia im Glanz der aufgehenden Morgensonne, wenn sie ihr seidig-rötliches Licht über den grauen Stein warf und das Bauwerk über dem um ihn herum aufbrausenden Straßenverkehr erstrahlte. Sie war ein Wunder, diese Kathedrale. Und ja, auch er. Carlos.

Ihm gegenüber, im flirrenden Licht dieser Fata Morgana, erstrahlte ihre Freundin. Wie Anna ihn anlächelte, diesen Carlos, mit ihm

---

7 La Sagrada Familia en Barcelona – Die Heilige Familie (Kathedrale von Gaudí) in Barcelona

8 Señoras – Meine Damen

9 Muchas gracias. – Vielen Dank.

10 Quisiera atún con patatas y pimientos. – Ich nehme Thunfisch mit Kartoffeln und Paprika.

scherzte, als würde sie das jeden Abend machen.

Julia bestellte. Irgendetwas. Egal. Was war es gewesen? Ach ja, *Jamón serrano con verduras mixtas*[11]. Carlos ging, wissend, dass zwei Augenpaare auf ihm verweilten, auf seinem Rücken und auch ein paar Zentimeter tiefer.

»Sag mal, seit wann...?« Julia.

»Wann ich Carlos entdeckt habe? Nun, schon ein Weilchen her, aber das bleibt unser Geheimnis.« Anna wusste alles über Carlos. Er kam aus *Andalucía*[12], einem Ort bei Granada, hatte dort Geschwister und einen Bauernhof. Jetzt war er hier, um mit seinem Gehalt etwas dazuzuverdienen.

»Jetzt wird mir einiges klar, meine Liebe. Warum du neuerdings so auf dieses ganze spanische Zeug ...«

»Ja, hohes Gericht.« Anna stolz.

»Ihr lernt zusammen Spanisch?«

»Das wäre wunderbar!« Nein, Anna lernte in der Volkshochschule. Aber zusammen mit ihm,

---

[11] jamón serrano con verduras mixtas – Serrano-Schinken mit gemischtem Gemüse

[12] Andalucía – Andalusien

das musste sie natürlich sagen, gar auf seinem Schoß, da würden die Vokabeln nur so purzeln. Anna strahlte.

»Jetzt hör aber auf. Denk mal bitte auch an Klaus!»

Ach ja, Klaus. Hallo Realität. »Danke, dass du mich gerade jetzt an ihn erinnerst.«

»*Vale, cariño*[13], wo waren wir gerade?« Anna stocherte inzwischen im Thunfisch, als wollte sie ihn erneut erlegen.

»Wegfahren«, sagte Julia, auch wenn sie das in diesem Moment nun gerade ganz und gar nicht wollte.

»Ach ja, Klaus ist eh beschäftigt, hat so ein Projekt. Er wandelt alte Gummireifen in Erdöl um, baut Raffinerien in Saudi-Arabien und was weiß ich wo. Keine Ahnung, wann der mal wieder aus seinem Büro auftaucht. Da wäre es doch nur gerecht, wenn wir beiden uns auch mal etwas gönnen.«

»Na, was schlägst du vor?«

Julia nippte an ihrem *vino tinto*[14], sah sich im Lokal um, entdeckte Carlos, wie er genau in die-

---

13 Vale, cariño – Also Schätzchen
14 el vino tinto – Rotwein

sem Moment zu ihnen herüberblickte. Ertappt sah sie weg, ihr Blick landete weiter hinten an der Wand auf dem Bild einer maurischen Burganlage. Sie überlegte, zögerte, dann strahlte sie Anna an. »Ich würde gern mal die Alhambra sehen. Und wenn da alle so sind wie dieser Carlos, dann wird das doch ein wunderbarer Trip!«

»Jetzt lass die Kirche mal im Dorf, liebe Julia.«

Ließ sie nicht, sondern jetzt war es an der Zeit, dass Julia mit ihrem Erdkunde-Wissen sprudelte. »Dann besuchen wir Sevilla gleich mit, das liegt doch nebenan. Und auch Málaga!« Sie begann zu summen. »Wenn bei Málaga die rote Sonne im Meer versinkt...«

»Capri!«

»Wurscht, für mich ist's Málaga. Und der Barbier von Sevilla ist doch auch da irgendwo.« Julia war im Reisefieber.

Alle an Bord?

Neun Tage und neun Stunden nach Annas Einfall landete der Flieger mit den beiden Freundinnen in Madrid. Zwischenstopp auf dem Weg nach Andalusien.

Julia trottete ihrer Freundin hinterher, da hörte sie jemanden ihren Namen rufen. Und den von Anna. »Stooo-hoop. Wartet auf mich! Überraschung! Ich koo-ho-mme do-hoch mi-hit.«

Ein Blick zu Anna. Ein Blick zu Julia. Und dann beide wie aus einem Mund: »Susanne!«

Susanne erreichte sie armwedelnd, atemlos und dauergrinsend. »Damit hättet ihr jetzt nicht gerechnet, was? Aber ich bin dabei. Gestern Abend auf der Couch hab ich den Flug gebucht. Im Internet. Wie ihr via Madrid, allerdings musste ich vorher noch in München umsteigen. Aber was soll's, zack, da bin ich.«

Susanne war Annas zweitbeste Freundin. Ob sie sich dieser Platzierung bewusst war, wusste Julia nicht. Nur, dass die beiden auch schon einiges zusammen unternommen hatten. Anna musste wohl Susanne in den letzten Tagen von ihrem geplanten Trip erzählt haben. Nun, auf jeden Fall strahlte Susanne sie jetzt an. Nicht nur im Gesicht, sondern auch sonst. Über silbern-glitzernde Jogpants trug sie einen mit allerlei Strass-Applikationen aufgefrischten Pullover, der in glitzernden Buchstaben DIES DAS ANANAS bekannt gab. Julia schmunzelte. Was hatte sich Susanne dabei wieder gedacht?

»Okay, Mädels, dann bestelle ich uns jetzt mal drei *cafés con leche*[1].« Anna klatschte in die Hände, einerseits erstaunt, aber auch nicht minder erfreut, *jetzt* zu dritt unterwegs zu sein. Denn Susanne war schlicht und einfach ein Gute-Laune-Garant. »Na, jetzt kann ja nichts mehr schiefgehen«, murmelte Julia und dachte das Gegenteil.

»Kaffee? Und keinen Alkohol? Nicht mal ein kleiner Prosecco zur Begrüßung?« Jäh wurde sie von einer Lautsprecheransage unterbrochen. »*Último aviso a los señores pasajeros del vuelo con destino a Granada ...*«[2]
Julia sah Anna fragend an. »Weißt du, wo wir

---

1 el café con leche – Milchkaffee
2 Último aviso a los señores pasajeros del vuelo con destino a Granada. – Letzter Aufruf für die Passagiere mit dem Ziel Granada.

hin müssen? Ich habe nichts verstanden.«

»Ich?« Anna offensichtlich auch nicht. Aber Susanne wusste Bescheid. Sie stand wild gestikulierend neben einem Flughafenmitarbeiter und rief. »Ja, wo bleibt ihr denn? Wir müssen uns beeilen! Terminal A ist auf der ganz anderen Seite.«

»Oh!«

Julia hastete sofort los, den Kaffee in Händen, die Handtasche um die Schulter. »Sag mal, Anna, und es gab wirklich keinen Direktflug?« Julia war gleichermaßen außer Atem wie stinkig. »Oder nur für ein paar Euro mehr?«

»Nun ja ...« Anna.

»Wartet auf mich!«

Ein Caddy kam vorbei, und der Fahrer sah ausgesprochen nett aus. »*¡Señor!*«[3] Susanne radebrechte. »Wären Sie vielleicht so lieb und würden uns zum Gate bringen?»

Keine Reaktion.

»Komm, Susanne, lass das. Wir müssen wirklich los, sonst verpassen wir unseren Flug!« Annas Blick zu Julia kündigte aufziehendes Unheil an. »Sie wird doch nicht...!«

---

[3] ¡Señor! – (Mein) Herr

»Lass mich nur machen!« Susanne würde. Julia traute ihren Augen nicht, als sie mit einem Zehn-Euro-Schein vor dem Gesicht des Fahrers wedelte. Charmant uncharmant. Und seine Augen sagten ihr: Pack was drauf, und wir machen zusammen einen Ausflug.

»Oh, mein Gott, das ist vollkommen peinlich!«

»Geschäft ist Geschäft.« Susanne seelenruhig, besessen von der Idee, den Weg zum Gate nicht zu Fuß gehen zu müssen.

Es wurden zehn Euro für jede von ihnen. Unter Protest war erst Anna eingestiegen, dann auch Julia, und der Fahrer jagte sodann seinen Caddy mit den drei Damen über Flure und Rampen, deren monströse Bauweise die drei überraschte.

»Was ist das für ein riesiger Airport?« Julia versuchte, von der peinlichen Situation abzulenken. Das Manöver misslang.

»Apropos riesig, habt ihr die Nase unseres Chauffeurs gesehen?« Susanne hüstelte verschwörerisch.

»Schnauze, Susanne!« Julia wollte nichts von Susannes Theorien wissen, konnte sich aber einen Blick auf ihren Retter nicht verkneifen. Anna dagegen starrte stur an ihm vorbei. Die träumt doch, dachte Julia. Ja, das tat sie. Anna träumte ganz eindeutig von Carlos, ihrem spanischen Schwarm. Der hatte eine geradezu perfekte Nase, nicht zu groß, aber auch nicht zu klein, markant eben und schön.

Dann passierte es. Der Fahrer stoppte am Gate, sagte »*Adiós*[4]« und grinste seine wertvolle Fracht an. Dann wünschte er in makellosem Deutsch »Eine angenehme Weiterreise und einen wunderschönen Urlaub in Granada.«

»Wir Ihnen auch, also einen schönen Tag.« Julia betreten.

Anna sagte nichts, schnappte sich mit einschießender Röte ihre Tasche und hopste vom Wagen.

»Das ist aber sehr nett von Ihnen, Señor.« Susanne. Ganz ungezwungen. Peinlichkeiten gab es für sie nicht. »Wo haben Sie so wunderbar Deutsch gelernt?« Sie sah ihn an. Also eigentlich nur seine Nase. Der Fahrer bemerkte es und grinste.

»Ich bin in Köln aufgewachsen, meine Eltern stammen aus Madrid. Ich besuche regelmäßig

---

4 Adiós – Auf Wiedersehen

meine Familie und jobbe hier auf dem Flughafen. Hat Spaß gemacht, mit euch Geschäfte zu machen, Ladys.« Er startete seinen Caddy und fuhr davon.

»Adieu, mein Darling«, juchzte Susanne.

»Mein Gott, wie peinlich.« Julia. »Du stehst mitten in Spanien, und dann spricht jemand so gut Deutsch. Das soll mir eine Lehre sein.« Und während sie darüber sinnierte, dass man aus Fehlern lernt, also aus vielen Fehlern, nicht aus allen, sonst hätte sie sich damals nicht auf ihn eingelassen, diesen Mistkerl, ihren Ex, da schepperte aus den Lautsprechern wieder eine Durchsage, die sie ebenfalls nicht verstand. Anna wurde blass. »Sie haben das Gate gewechselt. Terminal B!«

»Oh mein Gott!«

»Wo ist unser Caddy?« Susanne.

»Untersteh dich! Nicht noch einmal so eine Peinlichkeit!« Anna schnappte sich ihre Umhängetasche, fingerte die Bordkarten aus ihrem Portemonnaie und sagte. „*¡Vámonos!*[5]
Los, los, auf geht's, sonst fliegt der ohne uns.«
Julia sah erst Anna nach, dann realisierte sie,

---

5 ¡Vámonos! – Los geht's!

dass Susanne sich nicht bewegte, sondern bis über beide Ohren strahlte. »Mein Held hat eine gute Seele!«

Jemand, den sie kannten, winkte ihnen vom Caddy aus zu. »*Vamos, vamos chicas*[6], wir haben nicht so viel Zeit, sonst verpasst ihr euren Flieger!«

»Was sind die Spanier doch für nette Leute«, murmelte Julia, und Anna nickte. »Ja«, sagte sie und dachte an Carlos.

Am Gate angekommen entdeckte Julia zuerst die Menge der wartenden Passagiere. »Die können doch nicht alle nach Granada wollen?«

Anna zuckte mit den Schultern. »Vielleicht doch...«

»Ich fliege übrigens Business, alles andere war voll. Wenn ihr mögt, bringe ich euch gern einen Champagner nach hinten.«

»Du kleines Miststück!«

»Mit Vergnügen.«

Ein paar Minuten später hob das Flugzeug Richtung Süden ab. Knapp fünfzehn Reihen vor ihnen beobachtete Julia, wie Susanne mit dem Steward plauderte. Ein Lachen, ein Scher-

---

[6] Vamos, vamos chicas. – Los, los, Mädels.

zen, und schon kam eben dieser Steward zu ihnen nach hinten und brachte ihnen ein Glas Champagner. »*Muchos saludos*[7] von Señora Susanne.«

»Sag mal, Anna, wo hat Susanne nur diese Leichtigkeit her? Ihr Mann ist doch vor ein paar Jahren gestorben. Und sie ist so gar nicht Witwe?«

»Ihr Mann hat ihr ein ziemlich stattliches Erbe hinterlassen und sie hat sich nicht darauf ausgeruht, sondern geschickt investiert; irgendetwas mit Kunst. Sie kann sich's leisten.«

Der Flug von Madrid nach Granada war ein Katzensprung. Abheben, ein Snack, ein Getränk, trockenes Land unter ihnen. Julia und Anna hatten sich nach dem Champagner-Gruß zu Susanne in die völlig leere Business Class vorgewagt und waren nicht weggeschickt worden.

»Ich liebe Lachshäppchen mit Champagner!«

Susanne zwinkerte. »Siehst du.«

»Was für eine Reise«, schmunzelte Julia. Und das war erst der Anfang. Überpünktlich setzte das Flugzeug auf dem Aeropuerto Federico

---

[7] Muchos saludos. – Viele Grüße.

García Lorca Granada-Jaén auf. Julia kicherte, der Champagner hatte seine Wirkung nicht verfehlt. Jetzt waren sie also angekommen.

Binnen Minuten standen die drei vor dem Terminal. Sie winkten ein Taxi herbei und fuhren in die Stadt.

Keine zwanzig Minuten später bog der Wagen in eine parkähnliche Anlage ein und fuhr auf einer schneeweißen Kiesauffahrt einen kleinen Hügel hinauf. Palmen säumten den Weg. Purer Luxus funkelte ihnen entgegen.

»Haben wir das gebucht?« Julia. Erstaunt.

»Ich bin mir nicht sicher.« Anna forschte in ihren Reisedokumenten.

»Keine Ahnung, ob ihr das gebucht habt. Ich habe es! Für uns.« Stolzes Gesicht, Susanne. »Ich dachte, ich tu uns Hübschen mal was Gutes. Gracias. *¡Quédese con el cambio!*«[8]

Sie gab dem Fahrer zwanzig Euro Trinkgeld, öffnete die Wagentür und strahlte den livrierten Hotelpagen an, der sie höflich im Empfang nahm. *»Señoras, ¡bienvenidas!«*[9]

---

8 ¡Quédese con el cambio! – Der Rest ist für Sie!

9 ¡Señoras, ¡bienvenidas! – Willkommen, die Damen!

Die Sache mit Jesus

Am späten Vormittag saß Julia auf der Terasse vor ihrem Hotelzimmer; kleine Buchsbäume säumten deren Umrandung. Sie schlürfte an ihrem café con leche und blickte hinüber zur Altstadt von Granada, die sich in ein paar hundert Metern Entfernung vor ihr erhob.

Schräg hinter den Häusern der Stadt erhob sich der Hügel mit der Alhambra und dahinter thronten schneebedeckt die Gipfel der Sierra Nevada. Da war sie nun, dachte sie, als sie hinter sich, also aus ihrem Zimmer, nein nicht Hotelzimmer, aus ihrer Suite, Susannes Kreischen hörte. »Ui, schaut euch das mal an, Mädels!«

»Was machst du denn für einen Aufstand?« Anna rollte mit den Augen. »Hast du noch nie Seife gesehen?«

»Noch nie in Form eines kleinen Schwans!« Susanne präsentierte stolz die Figur auf ihrer Hand. Julia konnte sich ein Lächeln nicht verkneifen. Nein, das hatte sie auch noch nicht gesehen. Wie so vieles hier. Susanne hatte sich bei der Auswahl ihrer Herberge nicht lumpen lassen. Fünf Sterne reichten nicht, um zu beschreiben, was die drei hier genießen durften.

»*Cojo su equipaje*«[1], hatte der Hotelpage sofort und unmissverständlich kundgetan, und von da an kam sich Julia vor wie eine Prinzessin im Märchen. 1001 Nacht. Beim Einchecken bekamen sie einen *champán*[2], also einen *cava*[3], die spanische Variante des Schaumweins, und dazu ein paar Häppchen Tapas. Julia hatte sich sofort in die *gambas al ajillo*[4] verliebt. »Hast du so etwas Leckeres schon mal gegessen?«

Anna nickte und murmelte etwas von CORDO-Bar, Carlos und so, während sie ihre *dátiles con bacon*[5] verdrückte und sich ebenso staunend umsah. Überall barocke Eleganz gepaart mit modernen Elementen, ein feiner Klang klassischer Musik angereichert mit einer großen Prise Süden. Durch die weiten Fenster wehte der Wind in das Foyer und ließ die weiten weißen Vorhänge flattern. »Das ist doch alles ganz wunderbar!«

---

1 Cojo su equipaje. – Ich nehme ihr Gepäck.
2 el champán – Champagner
3 el cava – Spanischer Sekt
4 gambas al ajillo – Gambas in Knoblauchöl
5 dátiles con bacon – Datteln im Speckmantel

»Ja, maravilloso!« Julia. Glücklich. Sie fühlte sich umschlungen von einer Welt voll Hitze, Leidenschaft und feurigen Don Juans, in deren Kosmos sie vielleicht eines Tages auch eine laszive Carmen werden könnte. Doch jetzt wollte sie sich erst einmal frisch machen und fragte ganz höflich wie unverblümt, wann sie denn endlich auf ihr Zimmer könnten. »Sonst esse ich noch die ganze Tapas-Platte allein auf.«

»*Un momento, por favor*[6]«, sagte der Rezeptionist, winkte dem Pagen, der sie sodann zu ihren Räumlichkeiten begleitete. Und auf den Plural kam es an. »*Aquí están sus habitaciones*[7]«, sagte der junge Mann und zeigte sie ihnen; ein Zimmer nach dem nächsten. Jedes mindstens dreißig Quadratmeter groß. »Wir haben tatsächlich drei Räume«, staunte Anna.

»Vier«, steuerte Susanne stolz bei. Die drei Zimmer gruppierten sich um ein Wohnzimmer, das für sich gut und gern die Größe von Julias Wohnung hatte. »So hat jeder seine Ruhe und wir sind doch zusammen. Fabelhaft!«

---

6 Un momento, por favor. – Einen Moment bitte.

7 Aquí están sus habitaciones. – Hier sind Ihre Schlafzimmer.

»Genau. *En la sala de estar*[8] können Sie zusammen chillen, wie man heute so sagt«, grinste der Page. Es machte ihm sichtlich Spaß, die Freude der drei Gäste zu sehen. »Vergessen Sie nicht *la terraza*[9]. *La vista es hermosa.*[10]«

Jetzt saß Julia auf ebendieser Terasse, genoß ebendiese fabelhafte Aussicht auf die schneebedeckten Gipfel der Sierra Nevada und blätterte im Reiseführer. Granada, erfuhr sie, galt als Juwel und schönste Stadt Spaniens. „Wusstest du, dass man die Alhambra als achtes Weltwunder zählt? Da können wir doch gleich heute noch hin.» Sie sah Anna fragend an.

»Wollen wir nicht erst mal ankommen?« Anna suchte offenbar etwas in ihrem Reiseführer. »Wir könnten doch...«

»Shoppen gehen!« Susanne erschien auf der Terrasse und hatte für jede ein Glas dabei. »Hab ich im Kühlschrank gefunden! *¡Salud!*[11]« Susanne strahlte mal wieder, was auch an ih-

---

8 en la sala de estar – im Wohnzimmer

9 la terraza – die Terrasse

10 La vista es hermosa. – Die Aussicht ist wunderschön.

11 ¡Salud! – Prosit!

rem Shirt lag, das diesmal in verschlungener Glitzerschrift *Save water, drink champagne!* zum besten gab. »Und danach sehen wir uns ein wenig in der Stadt um. Die Alhambra läuft uns ja nicht weg.«

»Wenn ich das richtig sehe, dann muss man für eine Besichtigung die Eintrittskarten vorbestellen. Da ist immer so viel los, dass man ohne Reservierung gar keine Chance hat reinzukommen.« Anna gab den Fremdenführer. »Mit seinen zwei Millionen Besuchern im Jahr gilt die Alhambra als die meist besuchte Sehenswürdigkeit Spaniens.«

»Und wenn wir es doch einfach mal probieren? Vielleicht haben wir ja Glück. So voll kam es mir auf dem Weg hierher gar nicht vor.« Julia, zaghaft.

»Aber danach gehen wir noch in die Stadt.« Susanne zog einen Schmollmund. »Bitte!«

Eine gute Stunde später erreichten sie die Burg und der Taxifahrer murmelte: »*Aquí estamos.*[12]« Julia hatte sich getäuscht. Und zwar gewaltig. Zu Hunderten drängelten Touristen vor dem Eingangsbereich der Anlage; die

---

[12] Aquí estamos. – Hier sind wir.

Schlangen an den mit *caja*[13] überschriebenen Tickethäuschen, an denen man sein *billete*[14] erstehen konnte, zogen sich ins Nirgendwo. Etliche Reiseführer aus aller Herren Länder wedelten mit Schirmen, Fähnchen oder Mikrofonen. Japaner, Amerikaner, Deutsche. Und enorm viele Besucher aus China. Dazwischen Kinder. Sie sprangen umher. Tauben jagten Essensreste vom Troittoir. »Das hatte ich mir romantischer vorgestellt.«

»Kopf hoch, Julia. Wir könnten uns ja an der Schlange vorbeidrängeln. Das fällt doch bei diesem Getümmel gar nicht auf.« Susanne ließ ihren Kopf nie hängen.

»Untersteh dich, das ist unhöflich. Wir besorgen uns Karten und kommen morgen wieder. Basta.« Anna. Resolut. Sie fühlte sich als Anführerein ihrer ungleichen Gruppe und machte Nägel mit Köpfen. »Und jetzt fahren wir in die Stadt.« Sie tippte dem Taxifahrer auf die Schulter. *»¿Podemos continuar, por favor?*[15]«

---

[13] la caja – Kasse

[14] el billete – Eintrittskarte, Ticket

[15] ¿Podemos continuar, por favor? – Können wir bitte weiterfahren?

»*Sí, claro*[16]«, nickte der und es wirkte auf Julia, als sei er der entspannteste Mensch auf der Welt. „*Tranquila. No te preocupes.*[17]»

»Das mag ich so an Spanien«, sagte Anna.

»Dass es so voll ist wie hier?« Julia. Ungläubig.

»Wie auf der Königsallee am verkaufsoffenen Sonntag.« Susanne schöpfte angesichts der veränderten Tagesplanung wieder Hoffnung. Shoppen schien ihr ein und alles.

»Nein, ich meine das Vordrängeln. Zum guten Ton gehört in Spanien immer auch diese besondere Gelassenheit. Das mag in unseren Ohren manchmal alles sehr ruppig klingen, wenn sie miteinander reden. Aber dieses *no te preocupes*, das liebe ich.«

Susanne und Julia sahen Anna neugierig an, während der Wagen losfuhr. »*No te preocupes*. Okay. Und was heißt das?«

»Nun, das kann alles Mögliche bedeuten: mach dir keine Gedanken, alles halb so wild, das nehm' ich dir nicht übel, das kriegen wir schon hin. Dieses *No te preocupes* kann einen

---

[16] Sí, claro. – Ja sicher.

[17] Tranquila. No te preocupes. - Ganz ruhig. Mach dir keine Sorgen.

auch manchmal zur Verzweiflung treiben. Weil man sich eben doch Gedanken macht und weiß, dass nicht alles hinzukriegen ist. Aber es ist unfein, sich die Unruhe anmerken zu lassen.«

»Sagt zumindest Carlos.« Julia. Spitz.

Anna ließ sich nicht aus ihrem Konzept bringen, sondern berichtete weiter von ihren Spanienkenntnissen. »Ehrliche Meinungen sind nur was für engste Freunde. Ansonsten gilt: das neue Kleid ist hinreißend, die Wohnung großartig und das Essen natürlich ein Gedicht.«

Und als ob der Fahrer jedes Wort verstanden hätte und Anna bei einer weiteren Lektion Spanischkunde unterstützen wollte, stahlte er sie, während er sie im Zentrum auf der Calle Reyes absetzte, von ganzem Herzen an. »*¿Qué tal? Bien, ¿no?*[18]«

»Und was soll man da jetzt anworten?«, fragte Julia.

»Nun, er hat gesagt *Wie geht's? Gut, nicht?* Da sagt man selbstverständlich: „*¡Muy bien!*«[19]

Granada empfing die drei an einem wunderbaren Frühsommertag. Die Hitze flirrte zwar

---

18 ¿Qué tal? Bien, ¿no? – Wie geht's? Gut, nicht?

19 ¡Muy bien! – Sehr gut!

über den Dächern, aber in den Gassen und Straßen war es angenehm kühl. Von den Heerscharen an Touristen war in der City nichts zu sehen. In den Bars und Cafés unterhielten sich Einheimische. »Am liebsten reden sie über Fußball. Wenn du mit einem Spanier wirklich schnell ins Gespräch kommen möchtest, dann musst du es mit *fútbol* versuchen.«

»Und wahrscheinlich auch noch mit dem richtigen Verein.« Susanne hatte tatsächlich zugehört. Julia hätte schwören können, dass sie nur die Auslagen der Geschäfte inspizierte.

»Nun ja, einem Katalanen aus Barcelona über die Vorzüge von Real Madrid vorzuschwärmen, ist so, als würdest Du 'nem Dortmund-Fan ein Ticket für Bayern München schenken.«

»Verlorene Liebesmüh!«

Minute um Minute tauchten die drei ein in eine andere Welt. An der Rückwand der *Capilla Real*, der Königskapelle der *Catedral*, entdeckten sie einen Gewürzmarkt, auf dem allerlei Gewürze des Orients aus großen Säcken heraus verkauft wurden. Es roch nach Ingwer und Koriander, Safran, Kardamom oder Curry. Ein paar Meter weiter stöberten sie auf dem Mercado de San Augustín und genossen die Wochenmarktatmosphäre, in der *fruta*[20], allerlei *legumbres*[21], *carne*[22] oder *pescado*[23] feilgeboten wurden.

»Schaut mal, das sieht lecker aus«, rief plötzlich Julia und deutete auf zuckersüße Backwaren, die im Schaufenster eines Geschäfts mit dem illustren Namen *Ora et Labora* auslagen.

»Was du nur für Adleraugen hast, wenn es ums Essen geht. Ich bin immer wieder überrascht.« Anna lächelte verschmitzt. »Aber bei deiner Figur kannst du dir das ja auch leisten.«

»Danke für die Blumen.«

Sie besuchten den kleinen Laden und erfuhren, dass die erlesenen Köstlichkeiten von Nonnen in verschiedenen Klöstern der Umgebung hergestellt wurden, und wollten natürlich gleich ein paar Teilchen einkaufen. Die Schlange an der Theke war immens lang.

»Komm, das kriegen wir doch ganz leicht hin. Ich drängele ein wenig vor, das merkt doch hier im Gewühl eh niemand.« Susanne schob sich schon Stück um Stück voran.

---

[20] la fruta – Obst
[21] los legumbres – Gemüse
[22] la carne – Fleisch
[23] el pescado – Fisch

»Untersteh dich, Susanne. Das hab ich euch doch schon vor der Alhambra gesagt, das macht man einfach nicht!« Anna schenkte ihrer Freundin einen ermahnenden Blick. »So lebendig uns Spanien und vor allem die Spanier erscheinen, so diszipliniert sind sie beim Einkaufen.«

»Ach, das hätte ich wirklich nicht gedacht.« Julia sah Anna erwartungsvoll an. »Und das heißt?«

»Hier gibt es kein Vordrängeln beim Bäcker, beim Metzger oder am Marktstand. Wer zuletzt kommt, fragt laut in die Runde: »*¿Quién es el último?*«[24] Entweder antwortet die Person selber oder jemand anderer gibt einen Hinweis.«

»So weiß dann jeder, wann er an der Reihe ist.« Julia hatte das Prinzip verstanden und nickte anerkennend.

»Ja, und man kann entspannt darauf warten, bis man an der Reihe ist. Ist doch sehr praktisch.« Anna. Zufrieden.

»Na, dann.« Julia strahlte. »*¿Quién es el último?*«

Eine grauhaarige Frau drehte sich zu ihnen

---

[24] ¿Quién es el último? – Wer ist der letzte?

um und lächelte sie freundlich an. »*Yo soy la última*[25].«

»Gracias.« Julia reihte sich hinter ihr ein, dachte sich, wie schön sie Spanien und seine besonderen Regeln fand und freute sich, dass es *Andalucía* und nicht Amrum geworden war, das sie sich für ihren Kurztrip ausgesucht hatten. Selten zuvor hatte Julia das Gefühl, in so kurzer Zeit so viel Neues zu lernen. Sie murmelte noch einmal *¿Quién es el último?* Und nahm sich vor, das auch einmal zu Hause auszuprobieren. Es dauerte kaum fünf Minuten, bis sie bedient wurde, wobei ihr Anna liebevoll bei der Bestellung half, indem sie ihr leise ins Ohr soufflierte.

»*¿Qué desea?*«[26] Die Verkäuferin.

»*Por favor, de esto tres trozos.*«[27] Die Verkäuferin schenkte Julia ein strahlendes Lächeln, mit dem sie ganz offensichtlich goutierte, wie sehr Julia sich bemühte, Spanisch mit ihr zu sprechen. Sie packte die drei Plunder-Teilchen in eine Tüte.

---

25 Yo soy la última. – Ich bin die letzte.

26 ¿Qué desea? – Was wünschen Sie?

27 Por favor, de esto tres trozos. – Davon bitte drei Stücke.

»*¿Desea algo más?*[28]«

Aber natürlich. Schließlich war das Angebot hier viel zu verführerisch. Julia zeigte auf klitzekleine Plätzchen, die ihr so verführerisch vorkamen, dass Julia sie am liebsten gleich aus der Auslage heraus aufgegessen hätte. »*Por favor, póngame cien gramos de estos.*[29]« Dank Anna kam sie sich vor wie eine spanische Señora, die für ihre große Familie zum Einkaufen in der Stadt unterwegs war. Sie überlegte kurz und deutete dann noch auf ein paar Stückchen Kuchen. »Was hältst du davon?«

»Jetzt ist aber gut.« Wieder Anna. Immerhin mit einem Zwinkern. »*Eso es todo, gracias.*[30]« Sie bezahlten.

»Wollen wir die gleich probieren? Mir knurrt der Magen!« Susanne wollte und konnte der süßen Verführung nicht lange widerstehen, als sie aus der Bäckerei kamen.

»Oder sollen wir uns irgendwo hinsetzen und eine Kleinigkeit essen? So ein paar Tapas wä-

---

[28] ¿Desea algo más? – Darf es sonst noch etwas sein?

[29] Por favor, póngame cien gramos de estos. – Geben Sie mir bitte 100 Gramm davon.

[30] Eso es todo, gracias. – Das ist alles, danke.

ren doch lecker... Und die hier nehmen wir zum Nachtisch.« Julia, die Vermittlerin.

»Das ist hier anders, Mädels«, sagte Anna. »Die spanische Zeit zum Mittagessen ist zwischen 14 und 16 Uhr. Wenn es bei uns schon Kaffee und Kuchen gibt, herrscht in spanischen Gasthäusern noch mittäglicher Hochbetrieb.«

»Na und? Krieg ich jetzt trotzdem was zu essen?« Susanne.

Anna blätterte in ihrem Reiseführer, überlegte und sah sich dann um. »Okay, lasst uns ein paar Schritte rüber zur Plaza de la Universidad gehen. Das ist nicht weit von hier und man kann dort noch ein wenig das unverfälschte Granada spüren. Und eine Café-Bar gibt es bestimmt auch, wo wir *un descanso*[31] machen können.«

Anna hatte recht. Aus dem Unigebäude sprudelte das Studentenvolk und mischte sich mit Passanten auf dem Platz. Sie ließen sich etwas mittreiben, fanden dann ein Straßencafé, wo sie sich auf improvisierten Hockern an improvisierten Tischen aus umgedrehten Bierkästen niederließen und bei einem *café*[32] das Treiben

---

[31] un descanso – eine Pause
[32] el café – Espresso

beobachteten. Touristen entdeckte man hier kaum, dafür ein ganz authentisches andalusisches Leben, begleitet vom Palaver und Gestikulieren von Jung und Alt, von Studenten und Rentnern. Mütter schoben Kinderwagen oder dikutierten mit ihrem kreischenden Nachwuchs, bildhübsche junge Frauen brachten sich für wen auch immer in Pose. »Und sieh dir mal diesen feschen Don Juan dort drüben an!« Susanne deutete schräg vor sich.

»Du und dein unglaubliches Männer-Radar.« Anna. Etwas genervt, aber noch im Rahmen. »Eines muss man dir bei aller Affektiertheit lassen, du bist wirklich kein Angsthase.«

»Ich? Warum auch?«

»Hier sagt man übrigens, dass du kein Huhn bist.«

»Ein Huhn?«

»Ja. *Ser una gallina*[33] heißt wörtlich übersetzt *ein Huhn sein*. Meint aber feige sein, also ein Angsthase sein.«

»Nun, dann bin ich aber auf alle Fälle ein *verrücktes* Huhn.« Susanne schob ihre Sonnenbrille hoch ins Haar, blinzelte gegen die Sonne

---

33 ser una gallina – Ein Angsthase sein

zu ihrem allerneusten Schwarm und hob verführerisch eine Augenbraue. »Olé, olá!«

Und ob man es nun glaubte oder nicht, ihr schöner Unbekannter sah zu ihr herüber, lächelte ein breites Grinsen, kam dann zu ihr herüber und strahlte sie an. »*Hola, ¿qué tal?*«

„*¡Muy bien!*« Natürlich! Susanne blinzelte in seine Richtung und flüsterte Anna zu: »Schnell, wie sagt man: wie heißt du?«

»*¿Cómo te llamas?*[34] – Man duzt sich ganz schnell in Spanien«, steuerte Anna bei.

Der Fremde grinste, Susanne nickte, blinzelte mit den Augen, weil sie offensichtlich die Sonne blendete, und gab ihre frisch gelernte Frage preis. »*Cómo te llamas...*« Mehr schaffte sie nicht. Dann musste sie niesen. Hatschi!

„*Jesús!*« Der junge Mann erntete neben einem erneuten Niesen einen mehr als fragenden Blick. Nicht nur von Susanne. »Äh, ja... das ist ... also... Ein reizender Name. Jesus. *Me llamo Susanne* [35].« Sie reichte ihm die Hand.

Jesús lachte laut auf, nahm ihre Hand und setzte sich neben Susanne. Dann blinzelte er

---

34 ¿Cómo te llamas? – Wie heißt du?
35 Me llamo Susanne. – Ich heiße Susanne.

sie mit seinem breiten Grinsen an, das nicht zu enden schien. »*No, no. Yo no me llamo Jesús.*[36] Mein Name ist Leo. Nicht Jesús.«

»Und was hat der Heiland damit zu tun?«

»*Jesús* sagt man in Spanien, wenn ihr in Deutschland *Gesundheit!* sagt.« Und wieder zeigte sich, dass jemand sehr gut Deutsch sprach. »Früher dachten die Leute, dass man beim Niesen seine Seele verlieren kann. Und unser Herr Jesus sollte das verhindern.«

Leo fuhr sich mit der Hand durchs Haar. Süß sah das aus, dachte Julia. Nein, nein! Der ist doch viel zu ... Sie verbot sich jeden Gedanken daran. Natürlich.

---

[36] No, no. Yo no me llamo Jesús. – Nein, nein. Ich heiße nicht Jesus.

Warum Mañana nicht morgen ist

»Kommt, dann zeig ich euch ein paar *atracciones*[1] in meiner Stadt. Hier gibt's einiges zu sehen, was man allein nicht so leicht findet.«

Dass sie auf ihrem Kurztrip nach Granada schon am ersten Tag einen so netten Einheimischen getroffen hatten, stellte sich für Julia, Anna und Susanne als reiner Glücksfall heraus. Leo plauderte ganz ungewungen mit ihnen, als würden sie sich schon lange kennen. Susanne hatte mit ein paar Fragen das Eis gebrochen und so saßen sie etwas später zusammen in diesem improvisierten Straßencafé gegenüber der Universität und erfuhren, dass es einer Studenteninitiative gehörte, die damit Geld für einen neuen Hörsaal sammelte.

Anna warf das eine oder andere spanische Wort ein, was Leo höchst zufrieden hörte. »Du hast bei ein paar Wörtern eine leichte andalusische Färbung. *Pero no importa un pepino.*«[2]

---

1 atracciones – Attraktionen

2 Pero no importa un pepino. – Aber das ist nicht der Rede wert. Wörtlich: Das ist keine Gurke wert.

Carlos kommt von hier, dachte Julia, sagte es aber nicht. Anna errötete leicht und Susanne redete einfach weiter. Sie hatte intuitiv die Führung übernommen, wie immer, wenn es sich um unbekanntes Terrain handelte. »Andalucía ist toll. Du hast eine sehr schöne Heimat.«

»Was habt ihr denn schon gesehen?«

Sie erzählten ihm von der mageren, aber doch schönen Ausbeute bisher, präsentierten das Gebäck, das sie bei *Ora et Labora* erworben hatten und luden ihn zum Probieren ein. »Na, da habt ihr doch schon ein ganz großartiges Stück Granada selbst entdeckt. Und es gibt noch viel mehr.« Leo lud sie ein, den restlichen Nachmittag mit ihm zu verbringen.

Die erste Station: eine kleine, unscheinbare Bar an der Straßenecke unweit des Platzes, an dem sie sich getroffen hatten. »Wir beginnen mit Lektion 1: *café*. Was bestellt man in *España* nicht?« Leo glänzte im Bild eines ebenso jungen wie schönen Professors; etwas *zu* jung, wie Julia sich nun einredete, um bei ihr irgendwelche Gefühle auszulösen, dafür aber ganz offensichtlich im perfekten Alter für Susanne. Nur Anna gab sich immer mal wieder in der Rolle des Spielverderbers.

Ja, dachte Julia, du hast ja auch deinen Carlos! Nun denn.

»Soweit ich weiß, sind Cappuccino und Latte macchiato hier tabu.« Julia. Doch mehr als nur wenig aufgeregt von dem neuen Abenteuer, das sich ihnen mit Leo bot.

»Richtig. Danach suchst du in Spanien vergeblich; also wenn du nicht gerade auf Mallorca oder an der Playa del Inglés bist. Hier wird *café solo*[3] oder *café con leche* getrunken. Zucker gehört bei uns immer dazu. Meine Mutter hat immer behauptet, der Kaffee sagt zum Zucker: 'Ohne dich wäre mein Leben bitter'.«

Julia musste lachen.

»Ohne dich wäre es mein Leben auch, mein kleiner Prinz«, murmelte Susanne. Leo quittierte das mit einen strahlenden Grinsen. »*Eso me gusta mucho.*[4]«

Nach dem Kaffee, alle hatten ihn natürlich nach dieser Einführung von Leo solo genommen, machten sie Station in *La Gran Taberna*, einer typischen Tapas-Bar im Zentrum. Die

---

3 el café solo – Heißt eigentlich „Kaffee ohne Begleitung», also ohne Milch.

4 Eso me gusta mucho. – Das gefällt mir sehr.

Stühle standen um Fässer herum und Schinken, Knoblauch und Chilischoten hingen von der Decke. Leo organisierte ihnen in Windeseile einen Tisch, also ein Fass, um das herum sie zu viert Platz nahmen. »Ihr könnt hier jede Form von Tapas bestellen, ich würde euch allerdings nur drei empfehlen, sonst ist es zu viel, und dazu nehmen wir dann eine *copa de fino seco*[5]. Das ist ein Glas Sherry, hier aus der Region natürlich.« Susanne, Anna und Julia hingen gleichermaßen an der von Leo ausgesuchten Köstlichkeit wie an seinen Lippen.

»Wörtlich übersetzt heißt *tapa* so viel wie Deckel. Man sagt, dass früher das Glas Sherry oder Wein mit einem kleinen Teller abgedeckt wurde, damit keine Fliegen oder Staub hineinfielen. In den Bars legte man dann kleine Brotstückchen, Oliven oder Käse auf diese Tellerchen, woraus eben die *tapas* entstanden. Meine Favoriten sind übrigens genau diese drei.« Er zeigte auf die Tellerchen. »Das sind *lomo al jerez*[6], *pollo al ajillo*[7] und *pimientos rellenos*[8].

---

5 una copa de fino seco – Ein Glas trockener Sherry
6 lomo al jerez – Schweinelende in Sherry
7 pollo al ajillo – Huhn in Knoblauchsoße
8 pimientos rellenos – Gefüllte Paprika

Ach, und Vorsicht bei den so wunderbar klingenden *criadillas*[9]. Die liebt mein Opa, aber meins ist das ganz und gar nicht!«

Fragende Blicke. Aber dann konnten sich die drei vor Lachen gar nicht mehr halten, als Leo die Übersetzung lieferte. Er, sein Charme und auch der Sherry zeigten ihre Wirkung.

»Wenn wir in ungefähr einer halben Stunde aufbrechen, dann zeige ich euch noch einen ganz fantastischen Ort, von dem aus ihr einen wunderbaren Blick auf meine Heimat habt.«

Es wurde ein Stunde, warum auch die Hektik, sie waren ja schließlich im Urlaub, und Leo hatte nicht zu viel versprochen. Er führte sie über verwinkelte Straßen und Gassen in den Albaicín. »In diesem *barrio*[10] von Granada habt ihr Arabien in Europa.« Fürwahr, das stimmte. Die engen Gassen und winkligen Plätze dieses etwas nördlich der Alhambra gelegenen Stadtteils entführten Anna, Julia und Susanne in eine andere Welt. »Das ist alles so aufgebaut wie in einer arabischen Medina«, erklärte Leo. »Da haben uns die Mauren vor mehr als 600

---

9 criadillas – Frittierte Schweinehoden
10 barrio – Stadtviertel

Jahren sehr schön vorgemacht, wie man auch leben kann.«

Julia kam aus dem Staunen gar nicht mehr heraus. Die blumentopfbehangenen *cármenes*, wie diese Landhäuser mitten in der Stadt genannt wurden, begeisterten sie. »Seht euch mal diese wunderbaren geometrischen Kachelmuster an! Und überall diese Zackenbögen und Stuckverzierungen.«

Ein paar Meter weiter schlenderten sie durch Treppengassen, in denen die Anwohner eng an eng ihre Wäsche an Leinen hängen hatten. Ab und zu konnten sie in winzige Obstgärten blicken. »Das ist Granadas ältestes Viertel«, sagte Leo. »Es ist ein wahres Labyrinth, ohne Wegweiser und ohne *calle principal*[11].«

»Da muss man einfach aufs Geratewohl losgehen und alles selbst erkunden.« Sogar Susanne war begeistert, obwohl es keine Geschäfte gab, die sie ansonsten bevorzugte.

»Und ratet mal, wie viele Menschen hier leben?«

Ahnungsloses Schulterzucken.

»Tatsächlich 12.000 Einwohner hat der Al-

---

11 la calle principal – Hauptstraße

baicín. Und, noch ein bisschen Streberwissen: Es wurde von der Unesco zum Kulturerbe der Menschheit erklärt.« Man sah Leo an, wie stolz er auf seine Stadt war. Julia gefiel das.

Sie bummelten noch ein wenig unterhalb der Maurenburg umher, bewunderten die auf eine ganz eigentümliche Weise verschlissenen Häuschen und Julia lernte, ganz nebenbei, ganz locker von Leo ein paar weitere Brocken Spanisch.

»Wenn jemand dich fragt *¿Cómo te llamas?*, was antwortest du dann?«

»*Me llamo Julia.*«

»Richtig. *¿De dónde eres?*«

»*Soy de Alemania.*«[12] Julia strahlte. In Leo hatte sie einen geduldigen Lehrer gefunden. Wie sagte man noch mal: Wo lernt man eine fremde Sprache am besten? Nein, nein, soweit waren sie ja noch lange nicht! Sie musste kichern.

»Von hier ist es auch nicht mehr weit zur nächsten *atracción.*« Leo führte seine kleine

---

[12] ¿De dónde eres? Soy de Alemania. – Woher kommst du? Ich komme aus Deutschland.

Reisegruppe auf den heiligen Berg, den *Sacromonte.*

Susanne verfluchte schon bei den ersten Höhenmetern ihren Entschluss, ihre Freundinnen auch beim nächsten Programmpunkt Leos nicht im Stich zu lassen, und schnaufte hinter Anna her. Julia hatte mit Leo die Spitzenposition eingenommen; sie verstanden sich ganz offensichtlich prächtig, scherzten und lachten unentwegt.

»Sag mal, Anna, täusche ich mich oder deutet sich da vielleicht bei unserer kleinen Nonne Julia ein kleiner Flirt an?«

»Wenn du mich fragst, dann haben sich da die zwei Hälften der Orange gefunden.«

»Bitte was?«

»Ach, das sagt man hier so, wenn man seine bessere Hälfte findet: *su media naranja*[13].«

»Na, wie du meinst. Dann werden wir den Obstsalat mal ein wenig beobachten. Ich bin gespannt.« Sie schnaufte. »Wie weit ist es denn noch?«

---

13 su media naranja – Die halbe Orange. Im Sinne von: Seine bessere Hälfte.

»Laut Reiseführer noch ein paar hundert Meter.«

»Und was gibt es dort oben?«

»*Una gran vista.*«[14]

»Mehr nicht?«

»Ein paar »Zigeuner«, *gitanos* im Spanischen. Darf man das überhaupt noch so sagen? Also Sacromonte ist ein Viertel, in dem sich vor ein paar hundert Jahren Zigeuner niederlassen durften. Sie leben da bis heute.«

»Hm.« Susanne kämpfte weiter, als sich aber der von allerlei Kakteen und Algaven gesäumte Weg immer weiter und weiter steil nach oben schlängelte, war es mit ihrer Geduld vorbei.

»Mein lieber Leo, ich eigne mich nicht als Bergziege. Du heißt zwar nicht Jesus, aber du wirst diesen *camino*[15], deinen Weg in den Himmel, leider ohne mich fortsetzen müssen. Mich ruft die Hölle von Gucci und von Prada. Ich werde ein wenig shoppen, bis ihr von eurem heiligen Berg zurück seid.«

Sie warf ihm einen Handkuss zu, woraufhin Leo an sie herantrat und sich mit Küsschen

---

[14] Una gran vista. – Einen tollen Ausblick.

[15] el camino – Weg

links, rechts von ihr verabschiedete. »*Hasta luego*[16], Susanne.«

Die verbliebenen drei zogen weiter. Und während Julia und Anna zusammen mit Leo in ein ganz anders geprägtes Granada eintauchten, erkundete Susanne auf eigene Faust das schick-schräge Modeangebot der Stadt, in dem es an nichts mangelte. It-Pieces von Stardesignern, klassische spanische Damenmode oder jede Art von Schuhen. Susanne war begeistert und ließ sich durch die Boutiquen rund um das Areal der Kathedrale treiben. In einem der Läden hatte sie etwas entdeckt und diesmal kein Glück; die Verkäuferin sprach nur Spanisch.

»*¿Puedo probármelo?*«[17], half ihr die Suche mit dem Handy im Internet. Für ihren Sprachversuch erntete sie ein strahlendes Lächeln. »Si claro. *¿Qué talla tiene usted?*«[18]

Ein paar hundert Meter weiter, einige Meter höher, erreichten Julia, Anna und Leo den Ausichtspunkt. »Sacromonte ist ein altes Zigeunerviertel. Keiner weiß so genau, wie und warum

---

16 Hasta luego. – Bis später.

17 ¿Puedo probármelo? – Kann ich das anprobieren?

18 ¿Qué talla tiene usted? – Welche Größe haben Sie?

die *gitanos* hierhergekommen sind. Aber das ist ja auch egal; heute gehören sie unverwechselbar zu uns. Wenn ihr mögt, könnt ihr auch mal ein Konzert besuchen.«

»Ich habe gehört, dass die in kleinen Höhlen stattfinden und dass sie da dann meist auch Flamenco tanzen.« Anna hatte im Reiseführer geblättert.

»Ja schon, aber das ist ein ziemlich touristisches Angebot und vor allem auch ziemlich teuer. Ich kenne da andere Möglichkeiten, wenn euch das interessiert. Aber jetzt ist die Aussicht von hier oben auf die Alhambra und meine Stadt erstmal das Entscheidende.«

War es das wirklich?, fragte sich Julia. Sie war sich da nicht mehr so sicher. Leo hatte sie in seinen Bann gezogen. Leo und die Alhambra. »Können wir uns die Burg morgen ansehen?«

»Ja, bestimmt. *Mañana*[19]. Sie läuft uns ja nicht weg.«

---

19 mañana – morgen

Küsschen, Küsschen

»Sag mal, Anna, wann wollte Leo uns abholen?« Julia strich sich ihren Rock glatt, blickte in den Spiegel und überprüfte ihren Lippenstift.

Sie hatten zusammen auf dem Sacramonte noch bis zur *puesta del sol*[1] gewartet und das Panorama, *el panorama*, bestaunt. Danach waren sie gemütlich den Berg im Licht der Laternen hinabgeschlendert und hatten unweit der Kathedrale Susanne wieder eingesammelt. »Ich habe ein wenig nach Kleidern geschaut, nichts Besonderes.« Susanne stolz. Eher wegen ihrer neuen Spanischkenntnisse, denn wegen der sicherlich kostspieligen Neuerwerbungen. Es waren vier Tüten voll von neuen Outfits.

Zusammen waren sie schließlich erst nach Einbruch der Dunkelheit wieder im Hotel angekommen und waren nun dabei, sich für den weiteren Abend fertigzumachen. Natürlich sollte der auch mit Leo zu tun haben; er hatte es ihnen selbst angeboten.

---

[1] la puesta del sol – Sonnenuntergang

Julia begutachtete noch einmal ihr Outfit. »Ich dachte, er hätte halb zehn gesagt?«

»Das ist doch alles noch völlig im Rahmen«, rief Anne von nebenan. »Carlos sagt immer, dass wer mit einem Spanier verabredet ist, doch weiß, dass es etwas später werden kann. Sie nehmen es einem auch nicht übel, wenn man selbst sich auch verspätet. Sagt er jedenfalls. Mehr als *media hora*[2] sollte es aber nicht sein. Das gilt als unhöflich.«

»Seid ihr auch so müde vom Tag?« Julia atmete einmal laut ein und aus. »Ich finde das ja reichlich spät.« Fand sie zwar nicht, aber ganz so offensichtlich sollte es für ihre Freundinnen ja auch nicht sein, dass sie sich sehr auf das Wiedersehen mit Leo freute. Ja, es waren wohl ein paar Schmetterlinge in Startposition; da konnte sie sich selbst nichts mehr vormachen.

»Jünger kommen wir nicht zusammen, Mädels. Jetzt reißt euch mal zusammen, ich bin hier die Älteste und mir schlottern auch nicht die Knie, wenn wir gleich am ersten Tag in so netter Gesellschaft unterwegs sind. Meint ihr, ich kann so gehen?« Susanne erschien im

---

[2] media hora – eine halbe Stunde

Wohnzimmer und drehte sich um die eigene Achse. Julia durfte die neueste Kreation ihrer Freundin bewundern. Auf einer mit schwarzen Pailetten bemusterten, knielangen Bluse schimmerte in Gold abgesetzt die Aufschrift *Summer Body - in progress.* »Na, was sagt ihr?«

»Du hast einen Knall!«

»Und wie gefällt dir mein Outfit?« Sie lachten, kramten aus der Minibar eine weitere Flasche prickelnden Vergnügens und stießen auf einen schönen Abend an. »Wir Deutschen sind für die Spanier doch eh *cabezas cuadradas*, Quadratköpfe, hat mir vorhin der nette Page erzählt, als ich vom Shoppen heimkam.«

Anne blickte Susanne verständnislos an. »Wieso?«

»Weil wir sturköpfig sind, langweilig und uns immer an Regeln halten. Er findet das total komisch, hat er mir gesagt.«

»Aber das ist doch nur ein Vorurteil.« Julia.

»Wie auch das, dass Spanier nur *fiesta* und *siesta* kennen?«

»Ja.« Anna. Die kannte sich ja auch am besten damit aus.

Pünktlich diese halbe Stunde später als geplant meldete sich die Rezeption, Leo erwartete sie. Er hatte sich nicht besonders herausgeputzt, aber er wirkte mit seinen modernen Jeans, dem weißen Hemd und der dunklen Jacke, als wäre er zu einem Rendezvous verabredet. »Na, da fehlt ja nur noch die Rose«, sagte Anna. »Und der Bachelor steht vor uns.«

»*Buenas noches*[3]« Leo grüßte jede von ihnen mit *besitos*[4] und wies Richtung Tür. »Das Taxi wartet schon auf uns. Wir haben einen Tisch im *Colombia*.«

Da sich weder Anna noch Julia beeindruckt zeigten, Susanne himmelte ihren Jesus eh die ganze Zeit an, erklärte Leo, dass es sich bei dem Lokal um ein *restaurante típico* in Alhambra-Nähe handelte. Sehr schick, sehr beliebt. Ein Hot Spot eben. Nur zehn Minuten später erreichten sie das Lokal. Leo zahlte das Taxi und Susanne reichte ihm einen Geldschein rüber, einladen wollte sie sich offenbar nicht lassen. Es war mehr als Leo dem Fahrer gegeben hatte. »Nein, *eso está bien*[5]. Das passt schon so.«

»Aber wir müssen noch Trinkgeld geben.«

---

3 Buenas noches – Guten Abend
4 besitos – Küsschen
5 Eso está bien. – Das ist okay.

»Trinkgeld ist bei uns eine freundliche Geste, aber keine Pflicht. Wenn man zufrieden ist mit dem Service, dann darf man das schon zeigen. *Propina*[6] ist bei uns meist nur eine kleine Zugabe, ein paar Münzen. In der Regel ist das weniger als bei euch.«

»Und jetzt gleich im Restaurant: Was machen wir da?«, wollte Julia wissen. »Da sind zehn Prozent doch normal.«

»Im Lokal geben wir Spanier das nur sehr selten. Du rundest den Betrag einfach nur auf. Vielleicht ein paar Euro. Aber zehn Prozent, wie ihr das bei euch in Deutschland macht, geben bei uns nur Touristen.«

Julia staunte, das hatte sie so noch nicht gehört. Und so etwas wie das *Colombia* hatte sie auch noch nicht gesehen. Das Lokal war eine opulente Mischung aus arabischem Interieur und prachtvollen Ornamenten aus 1001 Nacht. Es war fast voll, vornehmlich einheimische Gäste plauderten angeregt. Auf den Tischen dampften einladend gut aussehende Speisen der andalusischen Küche. »Wow!«

Der Kellner wies ihnen einen Tisch zu. Sie

---

6 la propina – Trinkgeld

setzten sich. »Auch das verstehen manche Touristen nicht«, sagte Leo. »Man setzt sich nicht einfach an einen freien Tisch oder zu einem besetzten Tisch dazu, auch wenn da vielleicht noch drei Stühle frei sind. Das ist eine Frage der *cortesía*[7].«

»Aber von einem gemütlichen Abend, bei dem man in Ruhe isst und trinkt, vielleicht noch einen *café solo* nimmt, ist das hier doch auch um einiges entfernt.«

Leo sah Anna an. Er wusste nicht, was sie meinte. Julia soufflierte. »Du meinst, weil es hier ziemlich laut ist?«

Anna nickte. »Man versteht ja sein eigenes Wort kaum.«

»Du sollst ja auch essen und nicht quatschen«, steuerte Susanne bei. »Ich find's hier klasse! Toller Tipp, Leo!«

»*Los españoles*[8] stehen ja immer in dem Ruf, besonders gut feiern zu können. Und ja, das können wir auch. *Fiesta* heißt: beisammensein, lachen, trinken, tanzen. Manchmal treiben wir dann Stiere durch die Straßen, wie in

---

7 la cortesía – Höflichkeit
8 los españoles – Die Spanier

Pamplona, oder zünden Feuerwerke an. Aber ansonsten unterscheidet sich eine *fiesta* von einem Abend in der Kneipe nur durch die Zahl der Teilnehmer. Wir mögen das eben. Und am Ende geht man immer in die Diskothek.«

»Ach?« Julia. Anna. Aus einem Mund. Susanne war schon einen Gedanken weiter. »Wo wir schon beim Abgleich von typischen Dos & Don'ts sind: wie ist das nun mit Küsschen, Händeschütteln und Umarmungen bei der Begrüßung?«

Leos Ausführungen mussten noch ein wenig warten. Der Kellner kam und nahm erstmal ihre Bestellung auf. Sie entschieden sich für *vino tinto* und *agua mineral sin gas*[9].

»*¿Tienen la carta también en alemán?*[10]« Leo fragte und erntete von seinen drei Damen dreimal einen höchst unschlüssigen Gesichtsausdruck.

»Na wenn wir schon mit dir hier sind, Leo, dann machen wir's doch auch so richtig spanisch, oder?» Julia. Noch unschlüssig.

---

9 el agua mineral sin gas – Mineralwasser ohne Kohlensäure

10 ¿Tienen la carta también en alemán? – Haben Sie die Speisekarte auch auf Deutsch?

»Por favor, la carta en español.[11]« Susanne legte vor. Die anderen nickten. »*Sí.*«

Dann kam Leo auf Susannes Frage nach Küsschen & Co. zurück. »Ja, in Spanien darf man sich anfassen.» Leo lachte herzhaft. »Warum auch nicht? Im Prinzip ist es ganz einfach: Frauen werden geküsst. Männer geben sich die Hand, wenn sie sich kennenlernen oder einander vorgestellt werden. Später schlagen sie sich vielleicht auf die Schulter oder tauschen wie die Frauen auch *un besito* oder *un abrazo*[12] aus. Und wenn du es genau wisen willst, ja, das Küsschenritual bleibt Frauen nie erspart. Wenn sie an einen Tisch kommen, an dem schon fünfzehn Leute sitzen, werden sich wahrscheinlich alle fünfzehn zum Küssen erheben.«

Julia erwischte Susanne dabei, wie sie Leo während seiner Rede musterte. War sie etwa eifersüchig? Das konnte und wollte sie sich nicht vorstellen. Klar, Leo war ein echter Hingucker. Seine dunklen Haare waren wieder mal leicht zerstrubbelt. Sein nachlässig-lässiger Knitter-

---

[11] Por favor, la carta en español. – Die Karte bitte auf Spanisch.

[12] un abrazo – Eine Umarmung

look rief ihr um so deutlicher ins Gedächtnis, wie viel Zeit und Mühe sie in ihr Aussehen gesteckt hatte. Aufrüsten hatte es Susanne genannt. Und wieder einmal stellte sie sich die Frage, warum er sich eigentlich so ausgiebig mit ihnen beschäftigte.

»Was reizt einen jungen Mann wie dich, mein lieber Leo, sich mit so ollem Gemüse wie uns abzugeben?« Anne war schneller gewesen. Susanne verschluckte sich fast am *vino tinto*, den der Kellner ihr erst kurz zuvor eingeschenkt hatte. »Wie bitte? Wer ist hier denn bitteschön alt?« Sie hüstelte.

»Ich fand euch toll, wie ihr da so vor der Uni gesessen habt und nicht wusstet, was ihr wollt. Ihr habt so verloren gewirkt. Und ich dachte, es könnte mein und euer *destino*[13] sein, wenn wir uns kennenlernen.«

»My personal Jesus«, säuselte Susanne und hob ihr Glas. »Kaum blinzelt man mal in die Sonne Granadas und muss niesen, da kommt schon das Glück anmarschiert. *¡A tu salud!*«[14]

---

13 el destino – Schicksal

14 ¡A tu salud! – Auf dein Wohl!

Als sie mit den Vorspeisen fertig waren – statt *gazpacho* hatte ihnen Leo *ajo blanco* ans Herz gelegt und die Suppe aus Mandeln, Knoblauch und Trauben schmeckte himmlisch – unterhielten sie sich über alles Mögliche, nur mal nicht über Granada. Susanne erfuhr, dass Leo sechsundzwanzig war, tatsächlich aus Andalusien stammte und keine Freundin hatte. Anna hatte in Erfahrung bringen können, warum er so gut Deutsch sprach. Leo studierte neben Kunstgeschichte auch Theologie auf Lehramt. Und Julia kannte nun nicht nur die Namen seiner zwei Schwestern und drei Brüder, sondern wunderte sich auch, dass es tatsächlich möglich war, Kinder in Spanien *Purificación*[15] oder *Primitivo*[16] zu nennen. Und Leo konnte nachlegen: »Eine Zeitung hat mal die witzigsten Namen des Landes gesucht.

And the winner is: *Luz Cuesta Mogollón*[17].«

»Na, herzlichen Glückwunsch!«

Statt des Hauptgangs hatte Leo *jamón serrano* bestellt, dazu etliche kleine und feine ara-

---

15 Purificación – wörtlich: Reinigung, Läuterung

16 Primitivo – wörtlich: Der Einfache

17 Luz Cuesta Mogollón – wörtlich übersetzt: Licht kostet einen Haufen

bische Spezialitäten, die aufzuzählen die Zeit nicht reichen würde. Es war fast Mitternacht, als er mit einem spitzbübischen Lächeln fragte: »Nachspeise gefällig?«

»Puh!«

»Nun, das werte ich als ein eindeutiges Ja. Ich schlage vor, jeder nimmt etwas anderes, dann könnt ihr probieren, was euch am besten schmeckt«

»*¡Camarero!*«[18] Er winkte dem Kellner und orderte *Flan, arroz con leche, natillas y una crema catalana.*«[19] Und danach gehen wir dann noch...«

»Stop, stop!«, unterbrach ihn Susanne.

»Hab ich etwas vergessen?« Leo. Kleinlaut.

»Nein, liebster Leo. Aber danach gehen die Mädels von heute nach Hause. Der Tag war lang, der Tag war schön, aber irgendwann heißt es auch für uns *buenas noches.*«

---

18 ¡Camarero! – Herr Ober!

19 Flan, arroz con leche, natillas y una crema catalana. – Karamellpudding, Milchreis, Vanillecreme und eine Crème brûlée.

Afrika in Europa

»*Señoras*, da ist heute alles ausgebucht.« Der Portier machte ihnen keine große Hoffnung, für den Tag doch noch Eintrittskarten für die Alhambra zu bekommen.

Julia war noch vor dem Frühstück zur Rezeption getigert, um sich nach der Chance zu erkundigen, heute die Alhambra zu besichtigen. Schließlich war der Besuch der maurischen Burg der einzige Tagesordnungspunkt, den sie auf ihrer Bucket List für diesen Ausflug mit ihren Freundinnen nach Spanien hatte. Nun, inzwischen waren andere, durchaus nicht unschöne, vielleicht sogar durchaus bessere, nettere, leo-neske dazugekommen. Aber die Alhambra wollte sie dennoch sehen.

»Heute leider nicht. *A lo mejor mañana.*«[1]

»Oh, wie schade.« Julia sah den Mann hinter dem Tresen traurig an. »Das ist ja wie verhext.«

Der Mann zuckte mit den Schultern, zog seine Mundwinkel runter. »Ach, wissen Sie, das wird schon. Ich kümmere mich. Wenn zu viele Gäste

---

[1] A lo mejor mañana. – Vielleicht morgen.

auf der Burg sind, dann bringt das auch keinen Spaß. Sie müssen ja auch die besondere Atmosphäre der Alhambra und ihrer ganzen Paläste genießen können. Diese wunderbaren Räume, ihre filigrane Kunst.« Er geriet ins Schwärmen. »Machen Sie doch heute einfach einen Ausflug. Vielleicht mit Al Andalus, unserem luxuriösen Zug, nach Córdoba. Oder Sie fahren ans Meer. Es ist heute ein wunderbarer Tag. Und ich kann Ihnen ganz unkompliziert einen Wagen besorgen. *Un coche de alquiler.*«[2]

»Oder wir fahren mit dem Bus.« Anna fand die Idee mit dem Ausflug wunderbar. Sie war mit Susanne im Schlepptau zum Frühstück gekommen und gemeinsam überlegten sie, wie sie es anstellen wollten. Und dabei hatte Anna dann ganz plötzlich wieder mal ihren Sparkassenblick aufgesetzt. »Das müsste doch ganz einfach gehen. Schräg gegenüber vom Hotel gibt es auch eine *parada de autobús*[3].«

»Hm. Findet ihr das gut?«

»Ich könnte ja fahren. Ich habe mein *carné*

---

2 un coche de alquiler – Mietwagen
3 la parada de autobús – Bushaltestelle

de conducir[4] mit.« Julia versuchte, den Bus zu verhindern.

»Nix da, der Bus ist am einfachsten.« Anna. Damit war das Thema erst einmal abgehakt. Sie genossen ihren Kaffee, das reichhaltige Buffet und die zuvorkommenden Kellner. Bus oder Auto wurde nicht mehr angesprochen. Erst wieder auf dem Weg zum Zimmer.

»Okay, wie du meinst, fahren wir eben Bus.« Murrend fügte sich Susanne Annas Vorschlag; sie wollte schließlich nicht als Spielverderberin in die Geschichte dieser Reise eingehen.

Julia war es inzwischen egal, wie sie zum Meer kamen. Sie ertappte sich lediglich dabei, immer wieder an Leo zu denken. »Und wenn er uns vielleicht fahren würde ...«

»Wir fahren mit dem Bus.« Anna setzte ein Zeichen und schien nach etwas Ausschau zu halten.

»Was suchst du denn?«

Sie bekamen keine Antwort, stattdessen hörten sie, wie Anna mit dem Portier sprach.

„¿Cuándo sale el próximo autobús para

---

4 el carné de conducir – Führerschein

Málaga?«[5] »Was macht sie denn jetzt schon wieder?« Susanne, irritiert.

»Ich glaube, sie will tatsächlich auf Biegen und Brechen mit dem Bus nach Málaga fahren.« Julia sah erst Susanne, dann wieder Anna an, die inzwischen munter mit dem Portier im Gespräch vertieft war. »*Por favor, dígame dónde tengo que bajar.*«[6]

Momente später winkte sie ihnen. »Kommt, unser Bus fährt in zwanzig Minuten ab. *Ándale, ándale!* Das ist zwar mexikanisch, aber ihr wisst schon, was ich meine. Wir müssen nur zweimal umsteigen. Der Fahrer wird uns, das hat mir der Portier versprochen, ganz sicher Bescheid geben, wo wir aussteigen müssen.« Anna sah ihre Freundinnen vergnügt an. »Das ganze kostet für uns drei nur knapp zwanzig Euro.«

»Umsteigen? Hast Du umsteigen gesagt? Kommt nicht in Frage, wir sind im Urlaub.« Julia hatte es Susanne schon angesehen, dass sie Annas Plan spätestens mit dem Wort umstei-

---

5 ¿Cuándo sale el próximo autobús para Málaga? – Wann fährt der nächste Bus nach Málaga?

6 Por favor, dígame dónde tengo que bajar. – Bitte sagen Sie mir, wo ich aussteigen muss.

gen als völlig abwegig empfinden würde. »Wir fahren mit dem Taxi; schließlich ist das hier mein Urlaub und kein ... kein ... ach was weiß denn ich.« Sie blickte in die Runde, rauschte zur Tür heraus und sah sich vor dem Hotel um. Dann winkte sie einem beige-braunen Mercedes zu, den sie für ein Taxi hielt. »Hier, das ist jetzt unseres!«

»Das ist kein Taxi, mein Liebe.« Anna. Sturköpfig. Nein, das war fürwahr kein Taxi, sondern ein Privatwagen. Und der gehörte jemandem, den die drei bestens kannten. Leo stieg aus. »Na, das sieht ja aus, als hättet ihr mich erwartet.«

»Was machst du denn hier?«

»Wollte Euch besuchen. Wir haben ja keine Nummern getauscht. Also, was machen wir heute Schönes?«

Minuten später saßen sie bei Leo im Wagen. Susanne legte ihrem Held der Stunde die Hand auf den Arm und schmetterte ein „*¡Vámonos!*«[7] in die Runde.

»Genießt die Fahrt in meiner Luxuslimousine!« Der Blick, mit dem Leo Julia und Anna

---

7 ¡Vámonos! – Auf geht's!

im Rückspiegel ansah, deutete darauf hin, dass es pure Ironie war. Die Landschaft, durch die sie schon bald fuhren, war wie so oft im Süden karg. Mit Netzen eingezäunte Plantagen, dürrer Boden und hier und da eine vertrocknet wirkende Palme zwischen Industriebrachen.

»Was verbirgt sich eigentlich unter diesen ganzen Platikplanen, die hier überall aufgespannt sind?«, fragte Julia.

»Je nachdem, meistens Tomaten. Hast du dich nie gefragt, wo die ganzen spanischen Gemüse herkommen, wenn es bei uns im Süden eigentlich überall so staubtrocken ist?«

»Dann sind das sowas wie Gewächshäuser.«

Leo nickte. »In gewissem Sinne ja. Wir nennen das *plantaciones*[8].«

Kilometerweit zogen sich diese *plantaciones* hin, unter denen der Boden so bewässert und gedüngt wurde, dass er fruchtbar wurde. Eine alte Tradition, wie Leo beisteuerte. »Als die Mauren nach Andalusien kamen, schufen sie hier mithilfe von Wasserleitungen das Paradies auf Erden, von dem sie in der nordafrikanischen Wüste immer geträumt hatten. Das Wasser ver-

---

8 las plantaciones – Plantagen

wandelte trockenes Land in grüne Oasen. Und es verschönerte ihre Paläste, in denen zwischen der blühenden Pracht Brunnen plätscherten und verträumte Wasserbecken schimmerten.«

»Ist Andalusien eigentlich spanisch?«

»Wie meinst du das? Der Name stammt wahrscheinlich von den Mauren. Das Gebiet hier, von drüben aus gesehen jenseits von Gibraltar, wurde seit alters her *al-Andalus* genannt. Ist nicht ganz klar warum, manche meinen, das hat was mit den Vandalen zu tun, die hier bis ins 5. Jahrhundert unterwegs waren. Jedenfalls haben die Mauren hier ja mehr als 700 Jahre gewirkt. Das hat natürlich seine Spuren hinterlassen.«

»Wie die Alhambra.«

»Oder die Mezquita, die große Moschee von Córdoba.«

»Alles sehr exotisch.« Julia war wieder bei ihrem Traum von wilden Don Juans und lasziven Carmens angelangt.

»Wie auch immer, das alles ist Teil unseres Lebens. Und machmal steuert die Phantasie ja auch ein wenig mehr bei, als es das in der Realität ist. *Andalucía* gilt bis heute vielleicht auch aufgrund seiner Nähe zu Afrika immer als etwas exotisch, aber sei dir sicher: die wilden *bandoleros*[9], die wie Robin Hood über die malerische *Sierra* reiten, wirst du vergeblich suchen.«

»Die sind wahrscheinlich alle verdurstet, so trocken wie das hier ist.« Susanne hatte wie immer ihre eigene Theorie.

»Ja, da hast du recht. Wenn du es genau wissen willst, diese trockenen Gebiete links und rechts der Straße dienten auch schon oft als Kulisse für Westernfilme. Dürre Wüste.«

Ein Genuss war die Fahrt durch diesen Teil Andalusiens wahrlich nicht, dachte sich Julia, und das lag auch daran, dass Leos Wagen dringend neue Stoßdämpfer gebraucht hätte. Aber was sind schon Stoßdämpfer, wenn der Fahrer Leo war. Leo hatte etwas an sich, was Julia immer stärker in den Bann zog. Das aber wollte sie sich nicht anmerken lassen. Noch nicht.

Was sie spürte, war eine gewisse Anspannung. Julia fingerte aus ihrer Umhängetasche den Reiseführer, um auf andere Gedanken zu kommen. Worauf habe ich mich da nur eingelassen! Sie stöberte, las ein paar Abschnitte

---

9 los bandoleros – Banditen

über Andalusien und blickte aus dem Fenster. Was sie sah, passte nicht zu der malerischen Beschreibung des Baedekers. Arabien in Europa hatte sich Julia irgendwie anders vorgestellt, aber sie schöpfte Hoffnung, dass Leo schon wusste, wo es schön war.

»Es gibt hier Orte, die sehen so aus, als hätte man sie von Marokko zu uns her verpflanzt. Nur die Minarette fehlen. Wenn ihr wollt, können wir da später mal vorbeifahren.«

Sie wollten. Aber erst plante Leo einen Abstecher nach Marbella ein. »Schließlich müsst ihr auch mal ein wenig vom Meer sehen und vielleicht ja auch ein Bad nehmen.« Er lachte.

Und du willst dir die Ladys wahrscheinlich auch mal ohne lästige Verpackung ansehen, dachte Julia und schmunzelte.

»Alles okay bei dir?« Anna hatte immer den richtigen Riecher. Wie konnte sie jetzt schon wieder ahnen, was Julia gedacht hatte. »Ach, ich freue mich über die Sonne, den Süden und dass wir zusammen unterwegs sind.«

»Übrigens; aus dem Lexikon für Klugscheißer. Wusstet ihr, dass *el sol*[10] ganz und gar uns

---

[10] el sol – die Sonne

gehört?« Die fragenden Gesichter der drei ließen Leo weiterreden. »Ja, die Sonne gehört seit 2010 offiziell der Spanierin Ángeles Durán. Sie hat nur dreißig Euro für die notarielle Beglaubigung bezahlt.«

»Das ist ein Scherz?«

»Nein, kannst du googlen. Zum Glück will sie uns die Nutzung der Sonne nicht in Rechnung stellen. Obwohl ein bisschen weniger manchmal schon ganz gut wäre. Manchmal ist das hier schon ein bisschen wie Afrika in Europa. Wenn wir Glück haben, sieht man von Marbella aus bis nach Marokko.«

Die Musik aus dem Autoradio trug dazu bei, dass Julia sich so fühlte wie auf einem anderen Kontinent. Bekannte Klänge spanischer Folklore mischten sich mit arabischen Rhythmen und poppigen Elementen aus den Charts. Leo trommelte dazu mit seinen Fingern auf dem Lenkrad. Sein linker Unterarm war komplett tätowiert, das hatte Julia tags zuvor gar nicht gesehen. Unter seinem Shirt ging dieses Muster wahrscheinlich noch viel weiter, aber so genau wollte sie ihn nicht inspizieren. Leo sah verdammt gut aus. Markante Wangenknochen, feste Lippen, ein wunderbares Lächeln... Sie wies die innere Stimme in ihre Schranken und schwieg. Leo telefonierte.

Ein erwartungsvoller Blick zu Anna. »Verstehst du was?«

»Ich, nein ... also ich glaube, es geht um eine Verabredung zum Essen, vielleicht mit einer Freundin.« Anna legte mal wieder ihren Finger zielsicher in die Wunde. Julia war sich sicher, dass es nicht stimmte. Sie glaubte eher, dass er sich über seine drei besonderen Fahrgäste ausließ.

Auf der Fahrt an der *Costa del Sol* entlang herrschte eine einvernehmliche Stille. Anna starrte geradeaus, als versuchte sie an nichts anderes zu denken, als an die ungeplanten Abenteuer, auf die sie sich eingelassen hatte. Oder war es Carlos, der sie beschäftigte? Susanne kramte mal wieder ausgiebig in den Tiefen ihrer Handtasche, unterbrochen von glückseligen Ausrufen die Aussicht betreffend. Und Julia blickte aus dem Fenster, neben ihr glitzerte das Meer.

Sie erreichten Marbella am späten Vormittag. Leo hatte ziemlich Gas gegeben, aber die gelegentlichen Radarkontrollen geschickt beachtet. Offenbar kannte er sich bestens aus. Nur die

Bedeutung von Zebrastreifen schien ihm völlig fremd. »Mein Baedeker sagt, Spanier halten Zebrastreifen eh nur für Asphaltdeko.« Julia sagte das eher, um die Stille zu unterbrechen, als um Leo zu kritisieren. Es war ja sein Auto. Der gab ihr als Antwort nur ein schallendes Lachen.

»Und ja, wir stolzen und rassigen Spanier sind ausnahmslos heißblütige und eitle Machos, vor deren Flirtversuchen keine Touristin sicher ist.«

Treffer versenkt. Julia lief rot an. Anna schnalzte und Susanne kommentierte: »Ich bitte darum, Leo.«

Marbella unterschied sich deutlich von den anderen überfüllten Ferienorten entlang der Route, bei denen es noch diese furchtbar scheußlichen Bettenburgen gab.

»Da wären wir. *¡Bienvenidas a Marbella!*«[11]

Julia war gleich hin und weg. Sie bewunderte meist weiß-getünchte Bungalow-Häuser in prachtvollen Gärten. Palmen reckten sich saftig grün in den strahlend blauen Himmel. »Wie in einer anderen Welt.«

---

[11] ¡Bienvenidas a Marbella! – Willkommen in Marbella!

»Oh, hier war ich schon mal!« Susanne klatschte in die Hände. »Ich wusste gar nicht, dass es Marbella war, aber mit meinem Mann habe ich hier mal ein paar nette Tage verbracht, weil die Gräfin ..., ach, ich hab doch tatsächlich ihren Namen vergessen, nun, die hat hier ihre Hochzeit gefeiert. Sensationell war das. Aber auch sündhaft teuer.«

»Ja, Marbella hat zwei Gesichter. Auf der einen Seite hat der Jetset-Tourismus hier seine Zelte aufgeschlagen, auf der anderen Seite gibt es neben dem Glamour der Stars und Sternchen immer noch ein ganz hübsches *barrio antiguo*[12].« Leo fuhr den Wagen an den Bordstein, parkte und suchte etwas.

»Kann ich dir helfen?« Anna hatte Leos Blick entdeckt.

»Ja, *aparcacoches*[13], einen, wie sagt man, Parkwächter. Die sind nicht offiziell, aber man macht das eben bei uns so.«

»Was?«

»Wenn man mit seinem Auto am Restaurant ankommt oder irgendwo am Straßenrand an-

[12] el barrio antiguo – Altstadt

[13] el aparcacoches – (inoffizieller) Parkhelfer

hält, bekommen die Parkjungs einen Obulus. Ist also besser, wenn du immer ein wenig *calderilla*[14] in der Tasche hast. Das gebietet die Höflichkeit.«

»Ist das überall so?«

»In Málaga oder Granada ist es ganz hilfreich, wenn die Jungs einen auf freie Parklücken aufmerksam machen und beim Einparken helfen, um sich ein paar Euro dazu verdienen. Auf dem Dorf brauchst du das natürlich nicht.«

Sie folgten dem Hinweisschild *centro*[15] und schlenderten durch kleine Gässchen, in denen Julia den ursprünglichen Flair des Südens spürte, hinauf zur *Plaza de los Naranjos.* »Das ist hier die gute Stube von Marbella.« Leo musste irgendwann in seinem jungen Leben den Job als Fremdenführer inhaliert haben. Er setzte seine Kommentare stets genau zum richtigen Zeitpunkt, dachte Julia und wünschte sich, er würde noch ein wenig mehr erzählen. Dicht an dicht drängelten sich kleine verrückte Boutiquen und Läden mit Kunsthandwerk. Südlich des Platzes ging die Altstadt in die geschäftige

---

14 la calderilla – Kleingeld

15 el centro – Zentrum, Stadtmitte

Avenida Ramón y Cajal über und etwas weiter, kurz nach einem Springbrunnen, entdeckten sie einige eigenwillige Skulpturen.

»Die sind von dem großen Salvador Dalí.« Wieder Leo. Wieder auf den Punkt. »Und jetzt geht's ans Meer. Kommt!«

Sie überquerten die Promenade (»Mit Marmor gepflastert für schlappe 7500 Euro pro Quadratmeter«), suchten ein freies Plätzchen am Strand und ließen sich nieder. »Na, wer kommt mit mir ins Meer?«

»Julia, das ist bestimmt viel zu kalt«, fürchtete Anna und suchte einen unterstützenden Blick von Susanne. Die aber nestelte aus ihrer Handtasche ein soeben erworbenes Shirt heraus, zog es sich über und strahlte.

»Und ich dachte mir schon, du bist heute so farblos«, sagte Leo. »Was hast Du uns denn heute zu bieten?«

»Ganz was Schlichtes. ¡VIVA ESPAÑA!«

Nach Lust und Laune

»Na los, ihr Memmen!« Leo hatte sich nicht lang bitten lassen und rief ihnen vom Meer aus zu.

Der Kurztrip von Anna, Julia und Susanne entwickelte sich mehr und mehr zu einer ganz verrückten Reise, die die drei zusammen mit ihrem unverhofft dazugestoßenen Reiseführer genossen. Leo gab sich wirklich Mühe, seine Heimat im besten Licht zu präsentieren. Auch Marbella, das ja oft nur als Treffpunkt der Schönen und Reichen abgetan wird.

Leo war natürlich der erste gewesen, der Shirt und Jeans ausgezogen hatte und in seiner quietschbunten Short ins Wasser geflitzt war. *»De puta madre. ¡Esto es genial!«*[1]

Julia hatte sich nicht lang bitten lassen, zum Glück hatte sie den Bikini schon an. Und schon platschte sie wild hüpfend neben Leo im Wasser. Das Mittelmeer war warm, die Wellen schwappten gleichmäßig, und die Sonne knallte

---

1 De puta madre. ¡Esto es genial! – Hier im Sinne von: Cool, saugeil, super. Das ist wunderbar!

dermaßen vom strahlend blauen Himmel, dass Julia gar nicht anders konnte, als zu juchzen.

Und was war das für ein Anblick! Sie, etwas schüchtern, aber nicht allzu prüde, neben ihrem Wassergott. Das nenne ich mal einen Sixpack, dachte sie und spritze Leo mit der Hand Wasser ins Gesicht, bis der sich auf sie stürzte. »*¡Qué cabrona!*«[2]

»Komm du mir nach Hause!« krächzte Julia zurück, dann tauchte sie in Leos Armen unter Wasser. Was für ein Tag!

»Komm, ich zeig dir, wie man auf den Wellen reiten kann.« Leo stahlte sie dermaßen an, dass sie kaum hätte Nein sagen können. Ein flüchtiger Blick an den Strand, Anna blätterte im Reiseführer, Susanne inspizierte die Umgebung. Alles so wie immer, dachte Julia und widmete sich ihrem Meeresgott.

»Schau, immer wenn sich eine gute Welle bricht, wirfst du dich geschickt davor, machst dich ganz lang und läßt dich mit der Gischt den Strand hochtreiben.«

»So?«

»Ja, sehr gut. Jetzt noch mit den Händen

---

[2] ¡Qué cabrona! – Du kleines Miststück!

steuern und mit den Füßen paddeln, als hättest du Schwimmflossen dran.«

Julia versuchte es, aber einmal war die Welle nicht richtig, mal hatte sie das mit den Händen vergessen und irgendwie klappte es nur ein einziges Mal. Ganz abgesehen davon, dass es nie und nimmer so aussah wie bei Leo. Und während sie ihn ein ums andere mal bewunderte, wie er Welle um Welle ritt, entdeckte sie plötzlich ganz in der Ferne am Horizont eine feine dunkle Linie. Auch Leo hatte sie gesehen, legte von hinten seine Arme um sie und flüsterte ihr ins Ohr. »Schau, da hinten, das ist Afrika.«

»Oh ja, Afrika.« Ihr wurde noch heißer.

Sie plantschten noch ein wenig im Wasser, dann hüpften sie an den Strand zurück. »Sag mal, was schlägst du denn da eigentlich für komische Purzelbäume?«, fragte Anna und zeigte auf Julias Bauch. »Du hast ja lauter Schrammen am Bauch, weil dich die Wellen den Strand hochgeschleift haben.«

»Nicht so schlimm!«

Doch, war es aber. Leo ließ nicht zu, dass Julia ohne eine genauere Inspektion den weiteren Tag verbrachte. »Das kann sich entzünden; hier im Wasser sind manchmal ganz blöde Sachen.

Wir suchen eine *farmacia*.[3]« Das taten sie auch und fanden genau gegenüber eine, deren grün leuchtendes Neonkreuz schon von weitem sichtbar war.

Leo ging mit ihr hinein, Anna und Susanne warteten vor der Tür und wünschten viel Glück. »Du bist bei ihm ja in den besten Händen.« Susanne grinste schelmisch.

Der Apotheker sah erst Leo an, der wies auf seine Begleiterin und fragte Julia höflich: »*¿Dónde tiene los dolores?*«[4]

»Du musst jetzt sagen: *Me duele el vientre*[5]«, was Julia mehr recht als schlecht wiederholte. Der Apotheke lächelte daraufhin freundlich, sah zu Leo, der ihm den offensichtlich misslichen Umstand von Julias Badekunst berichtete. Ein Blick auf ihre Schrammen genügte. Dann sagte der Apotheker: »*No es nada grave.*«[6] Was Julia sich schnell als eine Art falscher Alarm zurechtreimte.

Vom anschließenden Gespräch schnappte

---

[3] la farmacia – Apotheke

[4] ¿Dónde tiene los dolores? – Wo haben Sie Schmerzen?

[5] Me duele el vientre. – Mit tut der Bauch weh.

[6] No es nada grave. – Es ist nichts Ernstes.

Julia zwei Worte auf, die sie sich merken wollte. Wer wusste schon, wofür *ungüento y esparadrapo*[7] noch einmal von Nutzen sein konnten. Und einen *médico*[8] würde sie, wenn überhaupt, erst in Deutschland aufsuchen.

»Alles halb so schlimm, Mädels«, sagte Julia, als sie vor die Tür traten. Leo nickte bestätigend. *¡Por suerte!*[9], woraufhin sich Anna einen kleinen Anpfiff von ihm einfing, weil sie etwas zu aufgesetzt grinste. »Du kennst dich doch so wunderbar mit Spanien und unseren Sitten aus. Dann solltest du auch wissen, dass man sich, wenn man vom Strand kommt und durch den Ort läuft, nicht in Bikini oder Badehose präsentiert. In Barcelona gibt's dafür sogar ein Bußgeld.«

Julia sah Leo erstaunt an und dachte sich, dass dieser junge gutaussehende Mann vielleicht doch etwas mehr für sie empfand. Sonst hätte er, gute Seele, die er nun einmal war, nie und nimmer so schroff auf Annas Grinsen reagiert. Ihrem Helden war es dann offensicht-

---

7 ungüento y esparadrapo – Wundsalbe und Pflaster
8 el médico – Arzt
9 ¡Por suerte! – Zum Glück!

lich doch selbst peinlich. Er strich sich mit der Hand durchs Haar und entschuldigte sich bei Anna: »*Lo siento.*«[10] Dann suchten sie den Wagen und brausten über die Küstenstraße zurück gen Málaga, wo sie knapp eine Stunde später eintrafen.

Auf dem Weg gab Leo ihnen auch noch allerlei Fettnäpfchen preis. Zum Beispiel, dass Deutsche in der Apotheke gerne nach *tableta*[11] fragen, statt nach *pastillas*[12]. Und eine Tafel Schokolade sei auch keine *tableta de chocolate*. »Wenn ihr das allerdings zu einem Mann sagt, dann wundert euch nicht, wenn er auf Teufel komm raus mit euch flirtet.«

»Warum?«

»Eine *tableta de chocolate* zu haben, meint, dass man einen Waschbrettbauch hat.« Leo zwinkerte in den Rückspiegel.

»Deswegen bist du, mein lieber Leo, wahrscheinlich auch so gut ausgebildet, weil du immer das *gimnasio*[13] besucht hast.« Anna wollte offensichtlich etwas gut machen.

---

10 Lo siento. – Tut mir leid.
11 la tableta – Tablet
12 las pastillas – Tabletten
13 el gimnasio – Fitnessstudio (nicht Gymnasium)

Leo verstand die Anspielung natürlich schneller als Julia oder Susanne und lachte. »Ja, das sorgt bei Touristen schon mal für Verwirrung, wenn sie im Hotel kopfschüttelnd vor dem Schild stehen.«

Málaga erkundeten sie bummelnd. Ob über die Hauptstraße, die *Calle Marquéz de Larios* oder die winzigen Gässchen links und rechts, die kleine Gruppe ließ sich einfach treiben, wobei offensichtlich war, dass Susanne geschickt alles dafür tat, Anna abzulenken, damit Julia ganz ungestört an Leos Seite flanieren konnte.

»Sag mal, Leo, Verkehrsampeln sind bei Euch lediglich Kunst im öffentlichen Raum.« Julia suchte das Gespräch.

»Ja, du sagst es. Bei Rot fahren oder laufen wir einfach los, als wäre *la venta total*[14]. Sale ist bei uns nämlich immer und überall, obwohl die Geschäfte nie offen haben.« Er lachte. »Hast du noch mehr Vorurteile?«

»Die Läden sind wirklich immer geschlossen. Sieh doch hier: *cerrado*[15]. Und da drüben

---

14 la venta total – Ausverkauf

15 cerrado – geschlossen

auch.« Julia sah sich um. Die Hälfte der Geschäfte war zu.

»Nein, bei uns ist das alles nur einfach ein wenig später. Es geht irgendwann gegen 10 Uhr los, von ungefähr zwei bis vier oder fünf ist *la siesta*[16] und danach kannst du dich wunderbar oft sogar bis 22 Uhr in den Geschäften vergnügen. Theoretisch darf jeder mit einer Verkaufsfläche bis 300 Quadratmeter bei uns aufmachen, solange er will.«

»Na, da bin ich ja mal gespannt, wann Málaga uns heute seine Tore öffnet.« Julia winkte ihre Freundinnen herbei. »Lasst uns doch einfach vorher so einen kleinen, leckeren Sherry nehmen wie in Granada und ein paar Tapas verdrücken. Dann sind wir bestens gerüstet für ein schönes Shoppingvergnügen.« Sie klatschte in die Hände, Anna und Susanne waren sofort einverstanden. Leo auch. »Na, ihr seid ja schon richtige Spanierinnen, *verdaderas españolas*.«

Leo hatte die Idee, vor dem Sherry noch eine Teestube zu besuchen. »Besonders schön kann

---

16 la siesta – Mittagsruhe

man gerade in Málaga seinen Tee in einer *tetería*[17] trinken.«

Leo hatte wieder einmal recht. Besonders war der Abstecher allemal. Gleich hinter der Kathedrale fanden sie die *Tetería Baraka*, die vollkommen im arabischen Stil ausgestattet war. Dazu genehmigten sie sich nicht Tapas, sondern *bocadillos*[18].

»Ein echter Traum«, sagte Julia, rührte in ihrem kleinen Tässchen und dachte an Bazare, Orient und ... ja, auch an Leo. Leo war längst ihr Held aus 1001 Nacht. Nur, dass er kein Märchenprinz war, sondern pure Realität.

»Der ist doch viel zu jung für dich«, flüsterte Anna ihr einmal ins Ohr, als Leo gerade telefonierte. Julia überhörte Annas Mahnung und erntete ein zustimmendes Nicken von Susanne. »Was zählt schon das Alter, wenn man glücklich ist.«

»Mädels, wir sind im Urlaub und haben es viel schöner getroffen, als ich es mir jemals habe ausmalen können. Das ist alles viel besser als Sylt, der Harz oder wo wir sonst noch zu-

[17] la tetería – Teestube
[18] los bocadillos – Sandwiches

sammen waren. Spanien ist so ... ja, so anders.« Julia strahlte.

»Ja, das ist es. Vor allem, wenn man jemanden an seiner Seite hat, der es einem zeigt«, pflichtete ihr Susanne bei.

»Hier sagt man dazu: *verlo todo de color de rosa.*[19]« Mehr sagte Anna dazu nicht. Ihr Fremdenführer Carlos war ja auch ein paar tausend Kilometer weit weg, dachte Julia. Und Carlos war auch anders als Leo.

Anders war das treffende Wort. Alles, was sie in den letzten Stunden erlebt hatte, war anders. Anders als erwartet. Aber war nicht gerade das das Entscheidende, wenn man auf eine Reise ging? War es nicht furchtbar, wie viele Leute immer nur das Vertraute suchten, wenn sie in die Ferne flogen? Das Essen musste sein wie zu Hause. Das Bett natürlich weich und am besten so wie daheim. Und dass der Kellner auf der anderen Seite der Welt kein Deutsch sprach, war ja für einige ihrer Freundinnen geradezu eine Katastrophe. Die Menschen waren bisweilen schon merkwürdig.

---

19 verlo todo de color de rosa – alles durch die rosarote Brille sehen

Das Knattern eines Mopeds weckte Julia aus ihren Gedanken. Ja, auch das war hier anders: der Umgang mit Lärm. Das gemütliche Sitzen im Straßencafé konnte bisweilen einen gewaltigen Hörschock auslösen.

»Wir sind eben so«, sagte Leo. Er hatte mal wieder Julias Gedanken erraten. »Egal, wo du auch bist, ob im Sommer am Meer, bei einer *fiesta* auf der Straße, ja auch die obligatorische Abendveranstaltung im Hotel oder das Hupen eines zugeparkten Autofahrers, man braucht manchmal gute Nerven. Und es hat wenig Sinn, sich darüber aufzuregen.«

Als die Kellnerin kam, bezahlten alle zusammen, soweit waren sie von Leo schon eingebürgert worden. Getrennt zahlen also *pagar por separado*, den Fehler machten sie nicht mehr. Summe durch vier. Fertig.

Mit Selbstvertrauen und einem Wahnsinnslächeln

»Wie wär's denn damit?« Susanne präsentierte Julia in einer kleinen feinen Boutique im Herzen Granadas ein knappes, äußerst luftiges Sommerkleid, das sie nach minutenlanger, schweigsamer Suche aus einem Ständer genestelt hatte. »Das ist doch perfekt.«

»Da kann ich mir ja gleich auf die Stirn schreiben: Ich will ein Kind von dir!« Nein, das ging gar nicht. Dem Stückchen Stoff, das Susanne Julia da gerade präsentierte, fehlte jede Eleganz. Und hätte es womöglich diesen Chic gehabt, den Julia suchte, so hätte ihn der Spruch, der quer über das Dekolleté geschrieben war, mit einem Schlag zunichte gemacht. Über einer üppig-floralen Dekoration prangte silbern OH HAPPY DAY in Großbuchstaben auf dem Fetzen, den Susanne ihr mit vollem Ernst als passendes Kleid für diesen besonderen Abend angeboten hatte. *»Nein! ¡No! Desde luego que no.«*[1]

---

[1] ¡No! Desde luego que no. – Nein! Auf gar keinen Fall!

Aber von Anfang an: Sie waren sehr spät in der Nacht von ihrem Ausflug ans Meer zurückgekehrt. Leo hatte auf der Heimfahrt von Málaga angedeutet, dass er mit Freunden eine Party plane. Nicht irgendwann, sondern morgen. Also heute. Und dass er es toll fände, wenn sie kommen könnten, schließlich hätten sie ja eh nichts anders vor. Oder?

Das wäre doch nicht nötig, war das erste, was Julia sagte, ohne es zu denken, denn natürlich würde sie so viel Zeit, wie es nur ging, mit Leo verbringen wollen. Aber es zu sagen, es auszusprechen, das war dann doch zu viel. Also sagte sie, schlicht und einfach »Nein, das geht nicht!«

Leo hatte daraufhin nicht nur ziemlich geknickt gewirkt, er war auch irgendwie sauer. Und hatte sich nach ihrer Ankunft im Hotel mit einem kurzen *Adiós* verabschiedet. Julia konnte sich gar nicht vorstellen wieso. Dafür konnte Anna es.

»Hör mal, Julia, einfach so Nein zu sagen, ohne Begründung, ist ein ähnlicher Affront wie jemandem ins Gesicht zu sagen, er habe dies oder jenes falsch gemacht. In Spanien sagt man nicht einfach Nein! oder Das hast du nicht gut gemacht. Man sagt: Du hast das ganz toll gemacht, nur an der einen Stelle könntest du vielleicht noch minimal nachbessern.«

Julia hatte Anna daraufhin angesehen, als verstünde sie nur Bahnhof, und Susanne übersetzte. »Schätzchen, du hättest nicht sagen sollen: Nein, ich komme nicht zu deiner Party. Sondern: Es tut mir schrecklich leid, aber ich kann leider nicht kommen, weil meine Freundin Anna just an diesem Tag ihren 45. Geburtstag mit uns zusammen feiern will.«

»Ja, genau. Oder weil ausgerechnet an dem Tag meine Katze ins Krankenhaus muss.« Anna, so lustig wie selten in den letzten Tagen. Erst mit einer leichten Verzögerung bemerkte sie Susannes klitzekeine Unverschämtheit, dachte kurz daran zu schmollen, fing sich aber schnell wieder. »Maximal meinen 39. Geburtstag. Verstanden?«

»Dann rufe ich Leo jetzt an und sage ihm, dass wir nicht kommen können, weil Susanne Bauchschmerzen hat.«

»Hab ich nicht.«

»Egal. Dann eben ...«

»Nix da, du rufst ihn an und sagst ihm, dass wir uns sehr darüber freuen, dass er uns eingeladen hat. Meinetwegen auf spanisch, damit er sich freut. *Gracias por la invitación.*[2] Und dann fragst du, wann wir wohin kommen sollen.« Susanne hatte die Faxen dicke.

»Und was wir mitbringen dürfen.« Anna. Feuer und Flamme. Auch wie nur selten in den letzten Tagen.

Das wurde ja immer besser. Dachte Julia. Und es wurde besser. Leo war ganz außer sich, als Julia zusagte. »Natürlich seid ihr allei drei eingeladen, *eso es evidente*[3]!«

Jetzt, nur Stunden vor der Feier, standen sie also in einer Boutique unweit der *Calle Reyes Católicos* in Granada und ihre beiden besten Freundinnen suchten für Julia das perfekte Outfit für diesen besonderen Abend.

»Wie wäre es mit etwas Landestypischem? Ein enges Shirt, eine gebundene Bluse und dazu ein schöner Flamenco-Rock.«

»Anna, Du hast einen Knall! Damit kannst du gerne Carlos beglücken; ich möchte mich nicht verstellen. Leo hin, Leo her.«

»Mädels, ich hab's!« Susanne strahlte, hielt

---

2 Gracias por la invitación. – Danke für die Einladung.

3 Eso es evidente. – Das ist doch selbstverständlich.

etwas hinter ihrem Rücken verborgen und kam ein paar Schritte auf sie zu. Julia schwante Furchtbares, doch sie hatte sich geirrt. Susanne präsentierte ein überraschend schlichtes, überraschend unifarbenes schwarzes Kleid. »Seht mal, der Stoff ist dünn genug, um sexy zu sein; oh la la! Und ist doch dicht genug, um die Herrschaften des manchmal doch prüden, katholischen Spaniens nicht zu verprellen. *Muy bien, ¿no?*«[4]

Es wurde das Kleid. Nein, es sollte das Kleid werden. Denn die einzige Verkäuferin im Geschäft war schon seit Minuten in ein intensives Gespräch mit einer Kollegin vertieft, die offenbar gleich Feierabend machen wollte und den Tag über nicht genug Gelegenheit hatte, sich mit ihr auszutauschen.

»Ob sie uns überhaupt gesehen hat?« Julia war ungeduldig. Sie musste sich schließlich noch im Hotel für ihn, ähem, also für die Feier herausputzen. Und die Suche nach dem Kleid hatte viel länger gedauert, als sie gedacht hatte. »Kannst du was verstehen, Anna?«

Anna konnte nicht. Aber sie konnte ihren

---

4 Muy bien, ¿no? – Sehr schön, oder?

Freundinnen einen wertvollen Tipp mitgeben. »Das ist hier eben anders. Du brauchst einfach ein bisschen mehr Geduld.«

»Weil zwei Verkäuferinnen lieber miteinander plaudern und nicht mit einem Kunden?«

»Ja. Das ist doch einer dieser Schwachpunkte bei uns Nordeuropäern. Die Geduld. Unsere Hast wirkt auf Spanier oft sehr unfreundlich.«

»Sagt zumindest Carlos.«

Anna nickte. »Und wenn man sich mal darauf einlässt, dann merkt man auch, wie schnell wir meist die Geduld verlieren.«

Sie ließen sich darauf ein, beobachteten geduldig die beiden Verkäuferinnen, sagten sich *no es gran cosa*[5], als sich die verbliebene Mitarbeiterin ihnen (endlich) zuwandte, und beobachteten sie sodann, wie sie sorgfältig und, zumindest in Julias Wahrnehmung, ebenso äußerst zeitintensiv zum einen ihr neues Kleid verpackte und danach langsam das Wechselgeld auszählte. Aber, und das fiel Julia auch auf, die Frau machte dies ausnehmend freundlich und spendierte ihnen unentwegt ihr bestes Lächeln.

---

5 No es gran cosa. – Das ist kein Problem.

»Ich brauch jetzt einen Sherry!« Anna. Unternehmungslustig wie selten in den letzten Tagen. Es schien fast, als habe die Einladung zu Leos Party bei ihr einen Schalter umgelegt. »Wir müssen dich jetzt mal so richtig aufhübschen, damit das mit deinem Mr. Right auch funktioniert.«

»Ach, Shopping macht doch eh glücklich, sagt man.« Also sagte Susanne und vertiefte sich schon wieder in der nächsten Auslage. »Schaut mal, dieser Schmuck, der ist doch traumhaft. Den schenke ich Dir!«

»Bitte nicht, das ist *too much.*« Julia wedelte mit den Händen. »*¡Demasiado!*«[6] Sie hatte das Wort erst gestern von Leo gelernt und fand, es klang wunderbar.

»Hast du vergessen, dass man nicht so einfach Nein sagt?« Susanne triumphierte, Julia parierte.

»Liebes, ich finde die Kette und die drei Armreifen ganz bezaubernd, aber ich glaube, dass sie nicht zu der schlichten Eleganz meines Kleides passen, das wir erst eben zusammen

---

6 ¡Demasiado! – Zu viel!

erstanden haben. Außerdem kosten sie ein Vermögen!«

»Okay, dann suchen wir etwas anderes.« Sie wandte sich der Verkäuferin zu und deutete auf eine schlichtere, silberne Halskette. Anna soufflierte. »*¿Cuánto cuesta?*[7]«

Es waren annähernd vierhundert Euro. »*Es demasiado caro.*[8] *¿Tiene algo más barato?*[9]«

Sie hatte, und Susanne ließ es sich nicht nehmen, Julia diese ebenso schöne wie schlichte silberne Halskette zu schenken. »Möge sie dir das Glück bringen, das du verdient hast.« Sie legte die Kette gleich an. Und strahlte wie Audrey Hepburn in *Frühstück bei Tiffany*.

Einige Meter weiter schlug Anna vor, doch auch im *Corte Inglés* vorbeizuschauen. »Das gibt es überall in Spanien und es ist eigentlich ganz gut, wenn man sich mal einen Überblick verschaffen will, was man hier so trägt.«

Im Kaufhaus herrschte auf allen Etagen reges Treiben. Das Personal war sehr zuvorkommend und sprach sie in jeder Abteilung sofort an.

---

7 ¿Cuánto cuesta? – Wieviel kostet das?
8 Es demasiado caro. – Das ist zu teuer.
9 ¿Tiene algo más barato? – Haben Sie auch etwas Preiswerteres?

»*¿Le puedo ayudar en algo?*«[10]

Anna entgegnete, meist nach einem kurzen Blick zu ihren Begleiterinnen, ganz die Spanierin: »*Sólo quiero mirar un poco, gracias.*«[11]

Schließlich erstanden sie aber doch noch ein neues Parfum für Julia, einen Gürtel und neue Schuhe für Anna, und, warum auch immer, einen Fächer für Susanne, die an der Kasse ganz stolz die zuvor gelernte Frage preisgab: »*¿Puedo pagar con tarjeta de crédito?*«[12]

Den Fächer hatte sie übrigens nicht für sich gekauft, aber das hätte sich Julia auch denken können. »Wir machen aus dir eine wunderschöne Señora, meine liebe Julia. Oh ja!«

Punkt neun Uhr, nein, eigentlich war es inzwischen schon halb zehn (schließlich waren sie ja in Spanien!) stiegen die drei Frauen ins Taxi. Alle drei auf die Rückbank, auch das hatten sie in den letzten Tagen gelernt. Der Beifahrersitz galt in vielen Teilen Spaniens noch

---

10 ¿Le puedo ayudar en algo? – Kann ich Ihnen helfen?

11 Sólo quiero mirar un poco, gracias. – Danke, ich sehe mich nur um.

12 ¿Puedo pagar con tarjeta de crédito? – Kann ich mit Kreditkarte zahlen?

als *terra incognita*. Er wurde einfach nicht benutzt. Warum auch immer. Aber, man wollte ja partout nichts falsch machen, deswegen drängten sich die drei nach hinten.

„*Por favor, ponga el taxímetro!*«[13] Anna wies auf das dunkle Display; ihre Augen sagten so etwas wie ‚das geht doch nicht', und zuckte nur mit den Schultern, als Susanne ihr zu verstehen gab, dass das schon in Ordnung sei. „Ihr seid meine Gäste, dann zahlen wir eben ein paar Euro mehr. So viel wird das schon nicht kosten. Ende der Diskussion!» Sie flötete dem Fahrer ein *lo siento* zu und machte es sich neben Julia bequem. Sie juchzten, als die Fahrt losging.

Jede hatte ein Gastgeschenk dabei, was sie fast vergessen hätten. Der Portier war so nett, sie daran zu erinnern. Auch das war ihnen wieder eine Lektion gewesen. *Un regalo*[14] war nicht etwa eine schrankartige Aufbewahrungsmöglichkeit, sondern etwas, mit dem man jedem eine große Freude machte. Und auf keinen Fall durfte man zu einer Party Chrysanthemen mit-

---

13 Por favor, ponga el taxímetro! – Schalten Sie bitte das Taxameter ein.

14 un regalo – ein Geschenk

bringen. Das waren Totenblumen. Besser eine Flasche Wein oder Cava. Damit mache man nichts falsch.

Anna entschied sich, ihrem Gastgeber einen *vino tinto* mitzubringen. Susanne wählte, natürlich, einen *cava*, weil es keinen Champagner gab, aber nun gut, und Julia hatte einen ganz besonderen Sherry auftreiben können, einen aus *Jerez de la Frontera*, der nahegelegenen Sherry-Hauptstadt der Welt, von dem sie hoffte, dass er Leo eine Freude machen würde.

Das kommt mir jetzt Spanisch vor

Dass sie im Zuge ihrer *viaje corto*[1] ins spanische Granada tatsächlich bei einer privaten Feier eingeladen werden würden, das hätten sich Anna und Julia nicht in ihren kühnsten Träumen vorstellen können; bei der dritten im Bunde, Freundin Susanne, waren sich die beiden anderen nicht so sicher. Bei Susannes unkomplizierter Lebensweise konnte man sich ja bei gar nichts gewiss sein, außer bei dem Umstand, dass es anders werden würde als geplant. Genau das war es dann ja auch geworden, allein schon, weil sie dieses sündhaft teure wie gleichfalls sündhaft wunderbare Hotel als Herberge hatten. Dank Susanne. Ebenso wie die Bekanntschaft zu Leo, mit dem sie ja auf dem Platz vor der Uni ins Gespräch gekommen war.

Das Taxi erreichte nach gut zwanzig Minuten ein kleines Anwesen am Stadtrand, das mit etlichen bunten, blinkenden Lichterketten geschmückt war und ein Schild quer über der

---

1 el viaje corto – Kurzreise, Kurztrip

Zufahrt hängen hatte. *La Granja*[2]. Jenseits des Tors dröhnte laute Musik, die zu ihnen herüberschwappte, als sie das Taxi verließen. Leo, ihr einheimischer Bekannter, erwartete die drei am Tor. »*Bienvenidas, Señoras!*« Dazu Küsschen links, Küsschen rechts.

»*Buenas noches, Leo. Gracias por la invitacion.*« Julia, gar nicht mehr schüchtern. Und fehlerfrei.

»*Está bien, Julia. Buenas noches. ¡Eres un bombón!*[3]«

»Bitte?« Julia. Große Augen.

Leo kicherte. »Nein, du bist kein Bonbon! Das heißt, du bist eine Augenweide. Und inzwischen schon eine echte Spanierin.«

Julia, etwas errötend, strahlte mit einem Mal noch mehr. »Ich habe einen tollen Lehrer. Anna hat mir das mit der Begrüßung je nach Tageszeit erklärt«, sagte sie stolz.

„Dass man nur bis zum Mittag *¡Buenos días!* sagt und danach bis zum Sonnenuntergang *¡Buenas tardes!*»

---

2 la granja – Bauernhof

3 ¡Eres un bombón! – „Ein Bonbon sein« bedeutet: Du siehst sehr gut aus!

„Und wenn es dann dunkel ist ¡*Buenas noches!*»

„Oder du sagst ganz einfach immer: *Hola, ¿qué tal?* Das geht immer.» Leo lachte. „Aber nun kommt doch erstmal rein, wir wollen hier ja keine Spanisch-Lehrstunde abhalten, sondern zusammen feiern.»

Im Hof hinter dem Tor tummelten sich gut und gern hundert Gäste, sehr viele junge Leute, aber auch ein paar ältere. Die drei Damen aus Deutschland waren also nicht allein.

»Hauptsächlich Kommilitonen, aber auch Freunde und ein paar Verwandte. Mein Bruder ist auch da. Und ein Bekannter, der gerade aus Deutschland zu Besuch ist.« Leo führte die drei rum, zeigte ihnen die Bar, was sich als ein inprovisierter Tresen mit allerlei Hochprozentigem darauf entpuppte, und stellte ihnen den einen oder anderen Gast vor.

»Zum Glück könnt ihr alle schon ein bisschen Spanisch. Das macht's für euch und die anderen etwas einfacher.«

»Aber Englisch geht doch auch, oder?« Julia schaute Leo verwirrt an.

»Hm, na ja. So richtig weit kommt man mit Englisch nicht, auch nicht unter jungen Leuten.

Die meisten sind da nicht so wie ich.« Leo zuckte mit den Schultern. »Und damit ihr drüben bei Homero an der Bar nicht gleich in die nächste Falle tappt: es gibt im Spanischen eine klitzekleine Tücke, die einer harmlos gemeinten Bestellung eine komplett neue Bedeutung geben. Also: statt einfach nur *Cola* zu bestellen, solltet ihr lieber *Coca Cola* sagen. *Cola* wird nämlich schnell ganz anders verstanden.« Er grinste süffisant. »Und Homero würde sich diesen Witz nicht entgehen lassen.«

Susanne sah Anna neugierig an. »Klär mich auf, was soll ich nicht bestellen?»

»Nicht einfach nur Cola bestellen, sondern Coca Cola oder Pepsi. *Cola* bedeutet nämlich *Schwanz* und den möchtest du wahrscheinlich eher nicht serviert bekommen.« Anna.

»Trinke ich eh nicht.« Susanne lachte herzhaft. »Wo kommen wir denn hin. Aber um des Witzes wegen würde ich es schon gern mal probieren. Homero, würdest du mir bitte ...?« Wieder mal typisch Susanne.

Julia blickte sich um. »Dann wollen wir uns mal amüsieren.«

»Was mögt ihr trinken?«

»Vino tinto.« Anna.

»Sherry.« Julia.

»Papperlapapp. Dreimal Champagner, ach was, wie heißt das noch? Ach ja, viermal Cava, bitte!« Susanne. Natürlich. »Wir stoßen jetzt erstmal auf dich an, Leo. Ohne dich würden wir nie und nimmer eine so schöne Reise erleben. Du bist unser Held.«

»Und wir hätten nicht so viel Neues aufgeschnappt, was selbst ich noch nicht gekannt habe und was Spanien wirklich ausmacht!« Anna. Irgendwie dankbar.

Sie mischten sich unter die illustre Gästeschar, lernten allerlei Studenten kennen, Freunde von Leo, und auch ein paar Verwandte. Nur der Freund aus Deutschland blieb erstmal verschwunden. »Vielleicht hat er ja Angst, dass wir ihn sonst komplett in Beschlag nehmen.« Julia, entspannt, locker und mal so richtig zu Scherzen aufgelegt.

Und mit jeder Viertelstunde lernten sie dazu. Dabei waren immer wieder auch Dinge, die selbst Anna noch nicht kannte. Zum Beispiel dass es sich hier im Süden üblicherweise nicht schickte, seinen Teller leer zu essen. »Das ist eigentlich das Signal an deinen Gastgeber, dass du nicht satt geworden bist und noch etwas mehr essen möchtest.«

»Deswegen kommt auch heute immer jemand und fragt, ob ich noch etwas haben möchte.«

»Richtig. Einen kleinen Rest auf dem Teller zu lassen, heißt so viel wie: *Danke, ich habe genug.*«

Susanne grinste. »Und ich dachte schon, die sind hier alle aber ganz schön aufmerksam.«

»Und wo wir schon dabei sind …« Leo kümmerte sich wirklich rührend um seinen Besuch. Unentwegt erklärte er, übersetzte und achtete darauf, dass die drei sich wohlfühlten. »Jetzt, wo ihr alle drei schon ein wenig mehr verstehen könnt als noch vor ein paar Tagen: Hört ja nicht meinen Kumpels beim Schimpfen und Fluchen zu. Da werdet ihr vor lauter schweinischen Worten garantiert rot werden.« Er lachte und deutete schräg über den Platz. »Die beiden dort. Die reden nur über Fußball, also das ganz normale Gespräch unter spanischen Jungs. Und eigentlich sind sie sogar beide Fans des gleichen Clubs. Aber wenn du mal mitzählst, dann hast du schon in den letzten sechzig Sekunden bestimmt acht Mal *de puta madre*[4] gehört. Ihr wisst ja, was das heißt... Und das ist bei weitem nicht so böse gemeint, wie sich das anhört.«

»So, wie wenn die Deutschen von *Schei* ... reden.«

»Ja, klar, das gibt's bei uns auch; das heißt *mierda*[5]. Aber das wird nicht so oft benutzt. Also, was ich sagen will, nicht wundern, sondern einfach drüber hinwegsehen.«

»Andere Länder, andere Sitten.« Susanne holte noch etwas zu trinken und an dem Gesichtaussdruck des Barkeepers konnte Julia unschwer erkennen, dass sie ihren Cola-Witz dann doch probiert hatte. Er grinste sie süffisant an, sie prostete ihm zu. Nahm nicht das dunkelbraune Getränk, sondern kam, natürlich, mit einer Runde Prickelwasser zurück.

»Das musste jetzt sein?« Anna, wie sie nun einmal immer war. Zum Glück nur ein wenig peinlich berührt.

»Ja, das musste. Ein ganz bezaubernder jun-

---

4 de puta madre – irre, geil; wörtlich: von der Hurenmutter

5 mierda – Scheiße

ger Mann, dieser Homero. Und so humorvoll. So langsam ...«

»... überlegst du, ob es sich für dich nicht lohnen würde, nach Spanien zu ziehen.« Julia hatte so ein Gefühl.

»Nach Spanien? Nein! Wenn, dann kommt nur Granada in Frage! Hier fühl ich mich zu Hause!«

Sie wurden von einer Durchsage unterbrochen, auf Spanisch. Es schien eine Art Darbietung zu geben, denn langsam gruppierten sich alle um eine imaginäre Tanzfläche. Homero und drei Kumpel hatten Gitarren. Und dann entdeckten sie fünf Frauen in Flamencokleidern.

»*Ah, esto no lo sabía*[6]«, sagte Leo. »Aber das ist wirklich eine tolle Überraschung. Die sind echt gut.«

Oh ja, das waren sie, dachte Julia und wollte beim zweiten Stück beherzt im Takt mitklatschen, weil das ein paar Gäste ebenso taten. Aber Leo drückte sanft ihre Hände wieder run-

---

6 Ah, esto no lo sabía. – Oh, das wusste ich ja gar nicht.

ter. »Das ist auch so eine Unart, über die wir uns hier in Spanien häufig wundern.«

»Was? Mitzuklatschen?« Julia war irritiert. Was hatte sie jetzt bloß falsch gemacht?

»Nun, würdest du zu Hause in der Oper mitsingen?«

»Nein.« Blöde Frage!

»Eben. Das Mitklatschen beim Flamenco ist wirklich eine große Kunst. Die so genannten *palmas*[7] sind eigentlich ein Perkussionsinstrument. Auch hier gilt: Eher einfach lassen, wenn man's nicht wirklich kann, und nur genießen.«

Wenn sie nicht gerade die anderen Gäste beobachteten, wie sie sich untereinander vermeintlich freundschaftlich anschrien, laut lachten oder mit weitausholenden Gesten von Erlebnissen berichteten, schwatzten sich Julia, Anna und Susanne durch den Abend. Immer wieder kam Leo bei ihnen vorbei, sah nach dem Rechten oder stellte ihnen Freunde und Bekannte vor. Mehrmals wurden sie gefragt, wie sie Granada und insbesondere die Alhambra fänden, wobei sie wahrheitsgemäß erklärten, das eine ganz bezaubernd zu finden, das ande-

---

[7] palmas – rhythmisches Händeklatschen

re, die Burg nebst ihren Schätzen, bislang noch nicht gesehen zu haben.

»Das solltet ihr aber tun! Die Alhambra ist so grandios.« Es war ein gewisser Hugo, der ihnen das sagte.

»Ja, nur haben wir versäumt, uns rechtzeitig um die Eintrittskarten zu kümmern. Und bis jetzt waren alle Tickets jeden Tag komplett ausgebucht.«

Hugo lachte laut. »Das kann ich mir gar nicht vorstellen. Wer hat euch denn das erzählt? Da muss man einfach hin, ein wenig anstellen. Und dann geht das schon. Oder hat Leo sich wieder mal so richtig als Checker aufgespielt?«

»Nein, hat er nicht. Das hat uns unser Hotelportier gesagt.«

»Habt ihr ihm einem Zehner angeboten, dass er sich auch wirklich kümmert?«

Einhelliges Kopfschütteln.

»Siehst du, das gibt es leider noch immer in den besten Hotels. Es ist wie überall auf der Welt. Manchmal hilft nur ein wenig Seife, damit es wie geschmiert läuft. Ich rufe gleich mal meinen *papá* an, der besorgt euch noch heute Karten.«

»Deinen Papa?«

Hugo lachte. Etwas zu sehr, ob Julias kurzer Nachfrage. Sie wunderte sich nicht lang, denn er unterbrach sie gleich wieder. »*Sí, mi papá*. Er arbeitet in der Verwaltung der Burg. Ansonsten wartet ihr drei noch bis zum Sankt-Nimmerleinstag. An eurer Rezeption wie an manch anderen Orten gilt hier immer noch das spanische Motto: Was du morgen kannst besorgen, das verschiebe nicht auf heute.«

Erst jetzt merkte Julia, dass auch Leo die ganze Zeit geschmunzelt hatte. »Was hab ich denn Blödes gesagt?«

»Nichts, es ist nur ein typischer Fehler. Und Hugo wollte nicht unhöflich sein. Ihr gebt euch ja wirklich große Mühe. Nur manchmal ist eine kleine Betonung entscheidend.«

»Aha.«

»Er will seinen *papá* fragen. Und du hast gesagt, er fragt seinen *papa*[8].«

»Die Kartoffel. Auf jeden Buchstaben kommt es an, sonst trittst du in randvolle Fettnäpfe.« Anna hatte es gewusst. Sie lachten alle vier. Leo holte Nachschub. Diesmal Sherry.

»Sag mal, Anna«, sagte Susanne so laut, dass

---

8 la papa – Kartoffel

Julia es hören musste. Trotz der Musik. »Hat unser spanischer Held jetzt eigentlich schon mal so richtig versucht, bei ihr zu landen?«

»Ich kann euch hören!«

»Ich dachte ja nur, wann du endlich aufwachst und erkennst, was hier läuft. Es ist doch klar wie Kloßbrühe, dass hier was mit *amor*[9] und *corazón*[10] im Spiel ist und dass du dich in den *hombre guapo*[11] verguckt hast.»

„Wenn du mich fragst, kann dabei nichts rauskommen, ein kleiner Flirt, der morgen schon vergessen ist.» Na typisch, Anna mal wieder. Die hat ja gut reden, dachte Julia, mit ihrem Carlos-Lover zu Hause.

„Dich fragt aber keiner.» Susanne. Auf den Punkt. Ihrer Meinung nach hatte Julia mit Leo einen Supertypen an Land gezogen. „Du solltest den Stier endlich bei den Hörnern packen, Schätzelein.»

„Wie schön, dass ihr euch um mein Liebesleben so intensiv Gedanken macht. Wie wär's,

---

9 el amor – Liebe
10 el corazón – Herz (im Sinne von Herzschmerz)
11 el hombre guapo – schöner Mann

wenn ihr das mir überlasst? Oder soll ich dich, Anna, auch mal nach Carlos ausfragen. Hä?»

„Untersteh dich!»

„Weiß eigentlich dein Mann von diesem Flirt?»

Anna schwieg.

„Hey, ihr Süßen, nun beruhigt euch mal. Ich bin mir sicher, dass Julia am besten weiß, was gut für sie ist. Und Leo ist bestimmt nicht der Typ Mann, der unentwegt mit seinen lüsternen Fingern nach der Frauenwelt grei ...»

„Ich habe meinen Namen gehört, was gibt's?» Leo war mit einem Mal aufgetaucht. „Geht's Euch gut? Braucht ihr noch etwas?»

„Ich brauche glaube ich ein wenig Ruhe, die letzten Tage waren anstrengend.» Anna sah auf die Uhr. „Mensch, schon so spät. Ich glaube, ich bin ziemlich müde.»

„Nein, bitte, warte noch einen Moment. Es ist ja gleich *medianoche*[12]. Dann hat María Geburtstag, meine Cousine. Ihr Bruder ist extra deshalb hergekommen. Das wird eine Überraschung! Und es gibt herrliche *churros*[13].

---

12 la medianoche – Mitternacht

13 los churros – in Öl frittierte Teigkringel

Churros um Mitternacht oder am frühen Morgen – das gehört bei uns einfach dazu! Vorher dürft ihr nicht gehen, bitte.«

„Okay. Und wo ist dieser ominöse Kumpel aus Deutschland? Ich habe ihn bisher noch gar nicht entdeckt.»

„Das ist ja die Überraschung. Er ist extra aus Düsseldorf angereist und hält sich noch bis zwölf versteckt. *Tiembla como un flan.*[14] Ich war gerade bei ihm; er ist total nervös!«

Und dann schlug jemand kräftig dreimal auf eine Pauke, mehr und immer mehr Gäste begannen rückwärts zu zählen. *seis, cinco, cuatro, tres, dos, uno.*[15] Und dann brach ein wildes Glückwünschen aus. „*¡Feliz cumpleaños!*«[16] und „*¡Felicidades!*«[17] schallte es María von allen Seiten entgegen, jemand zündete ein kleines Feuerwerk. Rot, grün, gelb, blau, bunt zischte es in den Himmel. Und dann brachten

14 Tiembla como un flan. – Der sitzt auf heißen Kohlen. Eigentlich: Er ist wackelig wie ein Pudding
15 seis, cinco, cuatro, tres, dos, uno. – sechs, fünf, vier, drei, zwei, eins.
16 ¡Feliz cumpleaños! – Alles Gute zum Geburtstag!
17 ¡Felicidades! – Herzlichen Glückwunsch!

zwei Jungs eine riesige Torte auf den kleinen Platz.

„Die ist ja groß genug, dass da jemand drin steckt«, bemerkte Susanne und wusste nicht, wie recht sie damit hatte.

Es steckte jemand in der Torte. Marías Überraschungsgast. Ihr Bruder. Und dieser Bruder hatte an diesem Abend, in dieser Nacht, ein paar Sekunden nach Mitternacht sicherlich mit allem gerechnet, aber nicht damit.

»Ach du lieber Gott, Herr Jesus!« Es war tatsächlich Julia, die es als erstes bemerkte.

»Hat jemand geniest? Ich habe gar nichts mitbekommen?« Susanne sah Julia entgeistert an. »Oder ist was mit Leo?«

»Nein, nein. Nichts mit Leo. Es ist die Torte. Also vielmehr das, was da aus der Torte herausgekommen ist.«

»Das ist Marías Bruder. Hat Leo doch gesagt.« Susanne hatte ein neues Lust-Objekt, zumindest für die nächsten Minuten. Homero verschwand im Schatten des Neuen. »Ein ziemlich nettes Jüngelchen, wenn ich das mal so sagen darf.«

Sie durfte. Und mit Recht. Julia wunderte sich, dass Anna nichts sagte. Nichts! Hatte sie es, also ihn! Hatte sie ihn wirklich noch nicht gesehen? Marías Bruder war niemand geringerer als, ja: Die fleisch gewordene Fata Morgana aus der CORDO-Bar mit dem unglaublich rassigen Namen mit dem rollenden r: Carlos. Die Sagrada Familia unter den Männern mit den lockigen dunklen Haaren und ebenso unergründlich dunklen Augen. Eben genau der *guapo*, dem Anna daheim seit Wochen schmachtend ihre Aufmerksamkeit schenkte und den sie jetzt offensichtlich nicht gesehen hatte.

Julia stieß Anna in die Seite. »Ey, was soll denn das? Ich bin müde, wollen wir nicht wirklich demnächst nach Hause?«

»Ich denke nicht. Das nenne ich mal eine hammerfeste Überraschung.« Julia grinste. Hemmungslos. Schadenfroh. »Ich glaube, wir werden alle noch ein wenig bleiben. Auch du, liebste Anna.«

Die Alhambra mit einem Hauch von Rosa

»Ich bin ja so aufgeregt!« Julia kicherte und schob sich ihre Sonnenbrille ins Haar. Es war schattig genug auf der Straße.

»Das heißt auf Spanisch *estoy tan emocionada*[1].« Leo nahm Julia an der Hand und führte sie über die *Calle Reyes Católicos*. Mit einen gewissen Stolz sah er, wie Julia den spanischen Satz nachmurmelte. Sie war schon eine besondere Schülerin.

Leo und Julia hatten sich nahe der Kathedrale verabredet, um endlich und vor allem zusammen die Alhambra zu besuchen. Und zusammen meinte gemeinsam mit einer doch recht stattlichen Gruppe, die sich da zusammengefunden hatte. Aber dazu musste man wissen, was sie am vergangenen Abend und in der Nacht erlebt hatten.

Nachdem Carlos aus der Torte gesprungen war und Anna ihn endlich auch entdeckt hatte, wirkte es auf Julia so, als hätte sie eine völlig

---

1 Estoy tan emocionada. – Ich bin so aufgeregt.

neue Freundin neben sich. »Oh mein Gott!«, war noch einer der milderen Ausrufe, die Anna fortan ausstieß.

Um es kurz zu machen: Anna war zwar in ihren Carlos verschossen, aber Carlos nicht in Anna. Ja, er hatte sie natürlich auch entdeckt, hatte sie begrüßt, und ja, auch mit einem *beso* links, *beso* rechts, aber eher förmlich und anständig, so wie man einen Gast begrüßt, den man aus einem Lokal kennt, in dem man nun mal arbeitet. *La Sagrada Familia* schrumpfte auf den Betonbau zusammen, der sie nunmal war. Und Anna rief noch vor halb eins zu Hause bei ihrem Klaus an. Susanne hatte von dem Drama nichts mitbekommen. Sie vergnügte sich mit ihrem Homero an einer Eisskulptur, die ebenfalls um kurz nach Mitternacht für den Geburtstagsgast in den Hof gebracht worden war. Die Skulptur zeigte einen völlig nackten Torso, adonisgleich und komplett aus Eis, mit einer ganz besonderen Vorrichtung.

»Na los, Homerito, leg schon nach, *chico*[2]«, feuerte Susanne ihren *amigo*[3] an. Und Homero

---

[2] el chico – Junge
[3] el amigo – Freund

legte nach, indem er oben am Torso Champagner einfüllte, der dann unten, also an einem ganz bestimmten Unten, eisgekühlt wieder herauskam. »*Genial!*« Sie juchzten beide herzhaft.

»Die beiden sind schon 'ne Nummer«, grinste Leo und schüttelte den Kopf. »Susanne tut Homero gut.«

»Sei froh, dass sie wenigstens ein Glas benutzt. Das könnte auch anders kommen.« Julia war es ein wenig peinlich, aber als sie erkannt hatte, dass ihr spanischer Held es mit Humor nahm, entspannte sie sich.

»Was ist das mit uns?« Leo. Plötzlich ganz unsicher.

»Sag du es mir.« Julia. Ebenso unsicher.

Leo sagte nichts, sondern strich ihr über das Haar. Der Mond lugte hinter einer Wolke hervor und in seinen Augen konnte Julia erkennen, dass eine kleine Flamme in seinem Herzen lichterloh brannte.

»*Te quiero mucho*[4]*, señorita.*« Ob sie darauf geantwortet hatte, wusste sie am nächsten Tag nicht mehr. Nur daran erinnerte sie sich, dass sie ihn geküsst hatte.

---

4 Te quiero mucho. – Ich liebe dich wirklich.

Das war jetzt zwölf Stunden her. Und es fühlte sich immer noch herrlich an. Genauso herrlich wie die Vorstellung, dass sie nun endlich Eintrittskrten für die Alhambra hatten. Ach was Karten, Freund Hugo hatte sich ins Zeug gelegt, hatte eine persönliche Tour mit allem Pipapo auf die Beine gestellt.

Bevor sie die anderen trafen, genehmigte sich Julia allein mit Leo ein Frühstück, ganz spanisch mit *café*, *tostadas*[5] und natürlich auch *churros*, diesmal *con chocolate*, in dickflüssige Trinkschokolade getunkt. Susanne kam tatsächlich mit Homero und einem Shirt an, auf dem FILLED WITH MAGIC stand. Was hatte sie sich nur dabei wieder gedacht, also bei Shirt wie auch Begleitung, dachte Julia. Sie begrüßten sich herzlich, Küsschen, Küsschen. Dann erschien auch Anna, zusammen mit Carlos und in Begleitung seiner Schwester María. Und wieder eine Menge Küsschen, wobei Julia deutlich spüren konnte, dass Anna sich verändert hatte. Sie grüßte tatsächlich auf Deutsch. Aber darüber wollte sich Julia jetzt einfach mal keine Gedanken machen.

---

5 las tostadas – Toast

»Alhambra, wir kommen!«

Julia war sprachlos. Sprachlos vor Staunen, vor Freude, vor Ehrfurcht. Die Palastanlage zog sie mit all ihren Gebäuden in Bann. Ihre spanischen Begleiter erzählten unentwegt über Historie und Bedeutsamkeit, aber Julia staunte einfach nur. Auf uralten Mauern tanzten Blumen, Blätter und Sterne. Und dazwischen Allahs Name, tausendfach in weißem Marmor. Die Paläste waren ziseliert wie Schmuckstücke.

»Mir kommt's manchmal so vor, als wär' die ganze Alhambra eine feine Stickarbeit aus Stein und Pflanzen.« Leo, obgleich er hier unterhalb der Burg lebte, hier aufgewachsen war, war ebenso gefangen von der wundervollen Architektur. »Die begeistert mich jedes Mal, wenn ich hier bin.«

»Der Nasridenpalast ist ein einzigartiges Juwel islamischer Handwerkskunst aus Stein, Holz und Stuck.« María steuerte immer mal wieder ihre Kenntnisse bei.

»Und er ist die absolute Krönung unserer Alhambra.« So wie Carlos das sagte, hörte Julia ganz eindeutig die Tonalität, die sie von Anna kannte. Die beiden waren sich doch ähnlicher, als sie es sich jetzt eingestehen wollten. Aber, das hatte Julia sich geschworen, das blieb deren Angelegenheit. Julias Angelegenheit war diese Burg. Und natürlich Leo, der keinen Schritt von ihrer Seite wich. Ab und an griff er nach ihrer Hand, führte sie in eine Ecke und zeigte ihr eine ganz besondere Schnitzarbeit oder einen herrlichen Ausblick auf seine Stadt.

Einmal dann wurde allerdings auch er stutzig, als Anna statt einer zustimmenden Geste nur *hm* machte, und er fragte Julia, was mit Anna los sei. »Bei uns sagt man: *está de mala leche*[6].«

Julia überlegte. »Ob Anna schlechte Laune hat, weiß ich nicht. Vielleicht ist sie einfach nur mit dem falschen Fuß aufgestanden.«

»Oder liegt das an Carlos?«

»Wer weiß schon, was im Kopf einer Frau vor sich geht ...« Sie lächelte ihn an. Und Leo wusste, dass jede seiner weiteren Fragen ins Leere laufen würden.

»Aber apropos Carlos. Warum streitet er sich so viel mit seiner Schwester? Ich kann leider nichts verstehen, aber es wirkt so, als würden

---

6 Está de mala leche. – Sie hat schlechte Laune. Wörtlich: Bei ihr ist die Milch sauer.

sie sich unentwegt kabbeln. Sie fallen sich ständig ins Wort und reden so laut.«

»Nein, nein.« Leo lachte. »Das ist auch eines dieser typischen Missverständnisse. Wir fallen unserem Gegenüber irgendwie immer ins Wort, das ist vollkommen normal. Damit zeigt dir dein Gesprächspartner, dass er Interesse an der Unterhaltung hat und ihr aufmerksam folgt. Also, kein Streit, sondern reine Aufmerksamkeit!«

Sie erreichten die *Sala de las dos Hermanas*[7]. Julia lernte, dass der Name sich auf die beiden großen, in den Boden eingelassenen Marmorplatten bezog. Für ewig nebeneinander, ohne sich zu berühren. Ihnen schenkte sie aber kaum Beachtung, stattdessen bewunderte sie eigentümlich aufgeregt den Stuckdekor des riesigen Stalaktitengewölbes über ihr. »Das ist wirklich atemberaubend schön!«

»*Yo también lo creo*«, flüsterte Leo, das glaube ich auch. Doch er sah gar nicht nach oben. Seine Augen hatten ein anderes Kunstwerk im Blick, das er nach einigen Momenten weiter in

---

7 la sala de las dos Hermanas – Saal der zwei Schwestern

die *Sala de los Abencerrajes* mit ihrer ebenso herrlichen Deckendekoration führte und dann hinaus in den *Löwenhof*, den *Patio de los leones*. »Lass uns hier eine Pause machen. Den Ort liebe ich ganz besonders.«

Sie suchten in dem abgeschiedenen ehemaligen Garten eine Sitzgelegenheit im Schatten. Abseits der Freunde malte Leo Julia mit seinen Worten das Bild alter Herrscherdynastien, wie sie vor Jahrhunderten rund um diesen Brunnen lebten. »*Cuatro ríos, vier Flüsse*, aus jeder Himmelsrichtung einer, *el norte, l sur, el este y el oeste*[8], so wie die vier Flüsse im islamischen Paradies, kommen hier zusammen. Dazu *doce leones, zwölf Löwen* aus Marmor, die das Wasser ausspeien, und 124 Säulen drumherum. Das hier ist mein Lieblingsplatz.«

Julia nickte stumm und dachte, ja, das könnte auch ihr Lieblingsplatz werden. Wenn es etwas ruhiger wäre. Rund um die kleinen Kanäle tobte kreischend eine handvoll Kinder, sie tollten herum und hüpften über die Balustraden.

»Das stört mich gar nicht.« Warum auch im-

---

8 el norte, el sur, el este y el oeste – Norden, Süden, Osten und Westen

mer hatte Leo mal wieder ihre Gedanken lesen können. Wollte er jetzt etwa schon zur Familienplanung übergehen? Nein, wollte er nicht. Leo gab unentwegt den Erklärer. »Man sollte sich, gerade als Gast, nie einmischen, wenn es um Kinder geht. Kinder sind bei uns fast heilig. Sie dürfen toben und schreien, und man tut gut daran, keine Miene zu verziehen.«

»Auch wenn der Lärmpegel die Schmerzgrenze erreicht?«

»Das wird dir auf jeden Fall übel genommen; nicht von den Kindern, sondern von den Eltern. Deswegen liegt Spanien im Ranking der lautesten Länder der Welt auf Platz zwei; übrigens gleich nach Japan.«

Susanne und Homero erreichten ebenfalls den Löwenhof. Susanne lachte herzhaft. »Wusstet ihr, dass man in Spanien sogar schon extra ein Auto anders benennen musste, weil der eigentliche Name hier einen falschen Zungenschlag hatte?«

Wusste Julia nicht; sie sah nur, dass die beiden sich offensichtlich bestens verstanden. »Und warum?«

»Kannst du gern mal googeln. Ich sage nur: *Pajero*. Ist ein echter Klassiker und ein wenig frivol.« Susanne kicherte. »Wo sind eigentlich Anna und ihre Begleiter? Die habe ich schon seit einer Stunde nicht mehr gesehen?«

Sie wussten es auch nicht und schlenderten gemütlich zusammen hinüber zum Generalife. Der weiträumige Garten empfing sie mit angenehm kühleren Temperaturen. »Komm, lass uns ein wenig hier sitzen und den Nachmittag genießen.« Susanne und Homero fanden eine Bank, Leo und sie eine andere. Sie setzten sich; zwischen ihnen nur ein paar Zentimeter.

Warum nur? Julia konnte sich beim besten Willen nicht daran erinnern, wann sie das letzte Mal so sehnsüchtig darauf gewartet hatte, dass ein Mann sie berührte. Mit vierzehn vielleicht, als sie wie auch Anna vor der brennenden Frage stand, ob ein Junge, ach was, nicht einer, sondern er, Ralf, sie bitten würde, mit ihm zur Party zu gehen. Damals war ihr das Warten schon nicht leicht gefallen, in all den Jahren danach auch nicht. Aber das hier war ein anderes Kaliber: Sie wollte es so unbedingt, dass sie kaum noch an etwas anderes denken konnte. Nicht an Mauren, nicht an Burgen, schon gar nicht an Anna und Carlos. Ihre Sagrada Familia hatte einen anderen Namen. Und der war Leo.

Ihr Löwe. Löwe? Ach, deswegen der Löwenhof! Sie musste schmunzeln, das Offensichtliche hatte sie vorhin gar nicht registriert.

Vor ihnen bot sich ein einzigartiger Blick auf den etwas unterhalb liegenden Alhambra-Komplex, hinter dem die Sonne sich Stück für Stück dem Horozont näherte. Die Burgmauern färbten sich im Abendlicht von Braun zu Rot.

»Manche sagen, der Name Alhambra stamme vom arabischen *al hamra*, die Rote.«

»Da lagen sie doch ganz richtig, oder?«

Leo sprach ein Pärchen an, das an ihnen vorbeischlenderte. *¿Podría tomarnos una foto?*[9]«

Die Frau bejahte, Leo drückte ihr sein Handy in die Hand, rückte die entscheidenden Zentimeter an Julia heran und legte seinen Arm um sie. Er strahlte, sie auch.

Von irgendwo aus der Ferne erklang Musik; strömte mit ihrem Takt in das Refugium von Jasmin, Rosen, Orangen und Myrten, während der Himmel sich in den schillerndsten Rottönen färbte. »Und, gefällt es dir hier?«

»*Sí, mucho.* Sehr« Julia nickte.

---

9 ¿Podría tomarnos una foto? – Könnten Sie ein Foto von uns machen?

»Könntest du dir vorstellen, hier zu leben?« Leo. Mutig.

»*Quizás*[10].« Julia hatte nicht lange überlegt und war überrascht. Nicht von der Frage, sondern von ihrer Antwort. Das ging jetzt aber ziemlich schnell, meine Liebe. Denn eigentlich wollte sie, dass er es sagte, aber sie kam ihm zuvor. »*Me caes muy muy bien.*[11]«

Leo sagte nichts. Er überlegte.

Stille.

Was, wenn jetzt alles einstürzte? Wilde Gedanken rasten durchs Julias Kopf. Auch die Sagrada Familia, so schön sie war, so bedeutend, auch sie würde nicht für immer stehen. Nichts bleibt für immer.

Dann ein Leuchten in seinen Augen. Ein Glitzern. Ein Glitzern schöner als die Arabesken, tausend Mal schöner als alle Stalaktiten. »*Te quiero, Julia.*«

In der Ferne hörte man die *Marcha Real*, die spanische Nationalhymne. Ohne Text, kam es Julia in den Kopf. Du denkst jetzt an die Nationalhymne, du hast doch einen Knall,

---

[10] quizás – vielleicht
[11] Me caes muy muy bien. – Ich mag dich sehr gern.

schimpfte sie mit sich. Aber wenn schon, dann richtig. Sagten sich offenbar auch Susanne und Homero. Julia musste schmunzeln, als sie die beiden eng umschlungen auf der anderen Bank schräg vor sich entdeckte. Wie unkompliziert das alles sein kann! Und dann sagte sie es auch. »*Te quiero, Leo.*«

»Weißt du, Julia, ich schätze das sehr, dass du dich auf uns, auf mich und mein Land eingelassen hast.«

Sie mochten schon zwei oder drei Stunden auf der Bank gesessen haben, Susanne und Homero hatten sich schon lange verabschiedet, auch von Anna und ihrem Gefolge hatten sie nichts wieder gehört, offenbar waren ihre Freundinnen darauf bedacht, dass sie, Julia, jetzt ihre Zeit mit Leo allein hatte. Und Leo kam aus dem Plaudern gar nicht mehr raus. Er setzte offenbar zu einem nicht ganz erst gemeinten Rundumschlag an. Er frotzelte über Siestas und Fiestas, über das unverkrampfte Verhältnis zu Schlaf, Nichtstun und Unpünktlichkeit. Wir tanzen pausenlos Flamenco oder du erwischt uns beim *telenovela*[12] Gucken.«

---

[12] la telenovela – Seifenoper

Leo redete sich heiß, warum nur? Julia hörte ihm still zu, streichelte über seine Hand und hielt sie dann fest, während er ausholte, über Tapas-Orgien redete, *vino tinto* und *cerveza*[13].

»Was uns aber am innigsten miteinander verbindet, ist nicht etwa die Familie oder unsere Nationalhymne ohne Text. Auch das geliebte *mañana* stiftet nicht halb so viel Harmonie unter uns Spaniern wie unsere Lautstärke.«

»Und was willst du mir damit sagen?«

»Dass du das anders gesehen hast, von Anfang an, das hat mich an dir begeistert. Du hast mir, hast meinem Land, meiner Heimat, uns, eine Chance gegeben. Du hast zugehört, hast gelernt, hast versucht zu verstehen. Das liebe ich an dir.«

»*¿Nos veremos?*[14]«

»*Con mucho gusto.*[15]«

»*¿Dónde y cuándo?*[16]«

»*Muy Pronto. Contigo en Alemania.*[17]«

---

13 la cerveza – Bier

14 ¿Nos veremos? – Werden wir uns wiedersehen?

15 Con mucho gusto. – Sehr gerne.

16 ¿Dónde y cuándo? – Wo und wann?

17 Muy Pronto. Contigo en Alemania. – Schon bald. Bei dir in Deutschland.